Regina Törnig-Grohe
Firmung - und ich?

Regina Törnig-Grohe

Firmung - und ich?

Chats zwischen Himmel und Erde

Ein kleiner Glaubensgrundkurs
mit Blick auf die Firmung

Für Leute,
die nicht alles gedankenlos mitmachen,
sondern sich bewusst entscheiden,
und die ihren Glauben
und ihre Kirche
besser verstehen wollen

Herder Freiburg · Basel · Wien

Umschlaggestaltung und grafische Elemente:
Kiesewetter & Partner, Freiburg i. Br.

© Verlag Herder Freiburg im Breisgau 2001
Satz: Layoutsatz Kendlinger
Druck und Einband: Freiburger Graphische Betriebe 2001
ISBN 3-451-27431-0

Inhalt

1. Kapitel:

Hannah wird vor eine Frage gestellt

Bevor ich mich entscheide,
muss ich mich erst informieren.
(HANNAH)

Das ist die Geschichte von Hannah und ihrer Entscheidung für die Firmung. Warum sie sich überhaupt entscheiden muss? Nun, um das zu verstehen, muss man etwas über Hannah und auch etwas über die Firmung wissen.

Eines Tages bekommt Hannah einen Brief von ihrem Pfarrer, der sie zur Firmvorbereitung einlädt.

„Wie du weißt, wird bei uns in der Gemeinde alle drei Jahre die Firmung gespendet. Die Firmung ist ein wichtiges Ereignis in deinem Leben und wir freuen uns darauf, sie gemeinsam mit dir vorzubereiten. Wir laden dich also ein zum ersten Treffen am Donnerstag, dem 14. April, im Gemeindehaus."

Hannah ist vierzehn Jahre alt und katholisch. Deswegen ist nichts Ungewöhnliches an diesem Brief. Schließlich werden jedes Jahr in allen deutschen Bistümern Jugendliche zwischen zwölf und sechzehn Jahren gefirmt. Ungewöhnlich ist eher Hannahs Reaktion, als ihre Mutter ihr den Brief am Samstagmorgen ins Zimmer bringt. „Oje", sagt sie, „damit habe ich schon gerechnet. Der Pfarrer hat im Gottesdienst vor zwei Wochen ja angekündigt, dass die Einladungen rausgehen." Nun wird die Mutter hellhörig. „Freust du dich denn nicht darüber?", fragt sie. Natürlich freut sich Hannah, jedenfalls ein bisschen, weil Menschen sich eben über Einladungen freuen. Nur – wenn man nicht weiß, ob man eine Einladung annehmen soll, dann wird die Sache schon schwieriger.

Und Hannah weiß einfach nicht, ob sie sich firmen lassen wird. Darüber muss sie erst mal nachdenken. Sie ist nämlich daran gewöhnt, über die Dinge, die sie tut, nachzudenken, und nur ganz selten einmal passiert es, dass sie etwas mitmacht, nur weil alle es tun. Zum Beispiel die Tanzstunde, da wollte sie eben mit ihrer

Freundin Tanja zusammen hin. Oder als auf einmal alle in ihrer Klasse statt der Hefte ein Ringbuch benutzten, da fand sie das auch schick und hat sich ein kunterbuntes mit grünen Streifen gekauft. Bei wichtigen Fragen allerdings lässt sie sich mit ihrer Entscheidung Zeit und sie besteht darauf, diese Entscheidung ganz allein zu treffen. Ihre Eltern unterstützen sie darin, jedenfalls haben sie das bisher immer getan, indem sie Hannah ihren Sportverein und auch die Schule aussuchen ließen. Auch gegen ihre Freunde haben die Eltern nie etwas gesagt. Selbst als sie damals das halb verhungerte Hündchen mit nach Hause brachte, haben sie nur gefragt, ob Hannah sich auch ganz sicher sei, dass sie Zeit für das Tier habe.

Jetzt fragt die Mutter auch nach: „Hannah, ich verstehe dich nicht. Es war doch klar, dass du irgendwann gefirmt wirst. Du gehörst doch zur Gemeinde. Pfarrer Müller wird sich bestimmt sehr wundern. Die Firmung gehört einfach dazu." Aber Hannah hebt bedauernd ihre Schultern und meint: „Tja, Mutti, dann muss er sich eben wundern. Ich muss erst mal darüber nachdenken. Weißt du, ich glaube, ich weiß gar nicht genug über die Firmung und auch nicht über die Kirche, für die ich mich bei der Firmung entscheiden soll." So ist Hannah eben.

Allerdings ist Hannah mit dieser Einstellung gar nicht so weit von der Firmung entfernt, wie man denken könnte. Die Kirche erwartet nämlich von den Jugendlichen, die sie zur Firmung einlädt, keineswegs, dass sie nur kommen, weil alle das tun. Sie erwartet, dass sie sich wirklich und ernsthaft entscheiden. Das gehört schon zum innersten Sinn des Sakraments der Firmung: Hier wird der Christ zum ersten Mal persönlich gefragt, ob er zur Kirche Jesu Christi gehören und den Geist empfangen möchte. Manchmal nennt man die Firmung deshalb auch das „Sakrament des Erwachsenseins".

So kommt es also, dass Hannah sich nicht gleich beim Pfarrer anmeldet, sondern anfängt, über die Firmung und die Kirche, zu der sie gehört, nachzudenken. Dabei lässt sie sich wie immer Zeit und geht planmäßig vor. Am Abend setzt sie sich an ihren Schreibtisch, nimmt einen Bogen ihres Lieblingspapiers – lila mit grünen Streifen – und schreibt:

Was ich über die Firmung weiß:
Die Firmung ist das Sakrament des Erwachsenwerdens. Der Christ entscheidet sich dafür, mit der Kirche verbunden und ein Zeuge für Jesus Christus zu sein. Dafür bekommt er die Gabe des Heiligen Geistes. Der Bischof spendet das Sakrament durch Salbung und Handauflegung.

Was ich unbedingt noch wissen muss:
Was ist überhaupt ein Sakrament? Warum gibt es die Kirche? Was ist der Sinn von Kirche? Welche Rechte und Pflichten habe ich als Erwachsene? Warum heißt Jesus auch noch Christus? Und wer ist dieser Gott eigentlich, der hinter allem steht? Wann bin ich ein Christ? Kann ich überhaupt zur Kirche stehen, so wie sie zurzeit ist? Was ist mit dem Papst?

Hannah hängt die Liste über ihr Bett und ist fürs Erste zufrieden. Sie hat zwar noch überhaupt keinen Plan, wie sie die Antworten auf ihre Fragen finden soll, aber das wird schon, denkt sie sich. Ruhig geht sie ins Bett, schläft friedlich ein und träumt von Briefen, die sanft durch die Luft gleiten, von Kirchtürmen, um die der Wind weht, und vom Papst, der ein Flugzeug lila anstreicht.

Und dann bekommt sie tatsächlich Hilfe, aber völlig unerwartet und wunderbar: Am nächsten Tag erreicht sie ein zweiter Brief, der

ist viel aufregender, viel erstaunlicher und viel verrückter als der erste. Allerdings ist es kein gewöhnlicher Postbrief, sondern eine E-Mail. Deswegen erreicht er Hannah auch erst abends um halb sieben, als sie ihren Computer einschaltet. Die Adresse lautet schlicht und einfach: „An Hannah", ohne Fräulein und Nachnamen.

Liebe Hannah,
gut, dass du nicht einfach gedankenlos mitnimmst, was angeboten wird. Gut, dass du über die Firmung und alles, was damit zusammenhängt, nachdenken willst. Heute habe ich etwas ganz Besonderes für dich: ein Gutscheinheft mit sieben Gesprächsgutscheinen. Es sind ganz besondere Gutscheine, denn Raum und Zeit spielen für sie keine Rolle. Du kannst befragen, wen du willst. Und du kannst alles fragen, was du willst. Die Gutscheine sind für ein Jahr gültig, du hast also viel Zeit. Zum Einstieg und als Hintergrundlektüre empfehle ich dir die Bibel und ein Buch über Kirchengeschichte. Aber such dir eine gute aus, eine, die nicht zu viel beschönigt. Ach ja, am besten benutzt du für die Kontaktaufnahme das Internet. Nötig wäre es zwar nicht, aber vielleicht ist es so am praktischsten, weil du dich gut damit auskennst.
Viele Grüße, G.

Hannah reagiert seltsam: Sie wundert sich kein bisschen, obwohl sie sofort weiß, wer ihr da schreibt.

Sie ist eher ein rationaler Typ, halt ein Kopfmensch, und hält überhaupt nichts von Esoterik. So glaubt sie zum Beispiel nicht an Geistwesen oder kosmische Strahlen, die die Menschen mit irgendwelchen Energiefeldern beeinflussen sollen. Und auch von Horo-

skopen hält sie gar nichts; stattdessen rät sie jedem, der es hören will, sich lieber mit seinen wirklichen Problemen zu beschäftigen.

Aber nun hat sie keine Zweifel und findet alles ganz natürlich: Sie hat da ein himmlisches Angebot bekommen und freut sich darüber. Dass Hannah nichts mit Esoterik anfangen kann, heißt ja nicht, dass sie nicht religiös wäre. Sie glaubt an Gott, der die Welt in seinen Händen hält, auch wenn er nicht bei jeder Kleinigkeit eingreift. Sie glaubt an Gott, der die Menschen liebt, auch wenn er ihnen manchmal viel Leid zumutet. Und sie glaubt an Gott, der im Menschen einen Partner sieht. Deshalb ist es für sie ohne weiteres vorstellbar, dass Gott zu einem Menschen Kontakt aufnimmt. Allerdings dachte sie bisher, dass er das eher durch andere Menschen oder im Gebet oder höchstens im Traum tun würde. Eine E-Mail findet sie schon sehr ungewöhnlich. Gott meldet sich über das Internet? Aber warum eigentlich nicht? Warum denken wir uns Gott immer als altmodisch? Wer die ganze Welt erschaffen hat, wird doch wohl die von Menschen erfundenen, modernen Kommunikationsmittel zu gebrauchen wissen, oder? Mit solchen Gedanken tröstet sich Hannah über die Einsicht hinweg, dass sie nie verstehen wird, auf welche Weise Gott das Internet benutzt. Neugierig wäre sie ja schon. Aber es stimmt wohl, was Tante Emma immer sagt: „Es gibt Dinge, die werden wir, solange wir hier auf der Erde leben, nicht erkennen können – damit müssen wir uns abfinden." Hannah beschließt deshalb, dass die Frage, wie Gott wohl in dieser Welt wirkt und wie er Kontakt zu den Menschen aufnimmt, zwar höchst interessant, aber letztlich nicht so brennend wichtig ist. Sie wird sich jetzt lieber ihrem himmlischen Angebot zuwenden.

Was soll sie sich doch gleich besorgen? Eine Bibel! Die hat sie. Die Einheitsübersetzung wird ja wohl reichen. Erstens liest sie sich gut und zweitens – das hat ihr Religionslehrer jedenfalls gesagt –

kann man ihrer Übersetzung trauen. Eine Kirchengeschichte –
wozu das denn? Kirchengeschichte ist doch schrecklich langweilig.
Aber vielleicht stößt sie darin ja auf einige interessante Persönlichkeiten, die sie befragen könnte. Na gut, sie wird sich in der Stadt-
bücherei eine besorgen.

Heute ist Hannah besonders froh darüber, dass sie seit zwei Jahren ein richtiger Computer-Freak ist und dass ihr Bruder und sie
dank einer großzügigen Spende von Tante Emma seit einem halben
Jahr über einen Internet-Anschluss verfügen. Das kann ja spannend
werden!

2. Kapitel:

Von den Anfängen der Kirche: Hannah trifft Paulus

Gleicht euch nicht dieser Welt an,
sondern wandelt euch und erneuert euer Denken,
damit ihr prüfen und erkennen könnt,
was der Wille Gottes ist: was ihm gefällt,
was gut und vollkommen ist.

Denn wie wir an dem einen Leib viele Glieder
haben, aber nicht alle Glieder denselben
Dienst leisten, so sind wir, die vielen, ein Leib
in Christus, als einzelne aber sind wir Glieder,
die zueinander gehören.
(PAULUS, RÖM 12, 2.4-5)

Hannah lässt einige Tage verstreichen, denn sie weiß nicht so recht, wo sie mit ihren Fragen anfangen soll. Natürlich hat sie im Religionsunterricht schon einiges über die Firmung gelernt. Außerdem war sie vor zwei Jahren zur Firmung ihrer Freundin Tanja eingeladen. Aber Genaues über den Ablauf der Feier und die Bedeutung der einzelnen Symbole weiß sie nicht. Das wäre also schon mal ganz interessant zu erfahren.

Andererseits zögert sie mit ihrer Entscheidung ja nicht, weil ihr die Firmfeier nicht gefiele. Bei Tanja war das damals eine beeindruckende Zeremonie. Vielmehr hat sie doch das Gefühl, dass sie diese Kirche, in der die Firmung eine wichtige Sache zu sein scheint, nicht richtig versteht. Deshalb sagt sie sich: Bei der Firmung entscheide ich mich für eine bestimmte Kirche, die katholische Kirche, zu der ich schon seit meiner Taufe gehöre. Und um mich für sie zu entscheiden, muss ich sie erst mal besser kennen lernen.

Eigentlich hat Hannah bisher nie viel über Kirche nachgedacht. Sicher, manchmal hat sie sich gefragt, was das Ganze für einen Sinn macht, vor allem, wenn sie sich mal wieder über den Papst geärgert oder sonntags die leeren Kirchenbänke betrachtet hat. Aber wie entscheidet man, ob etwas Sinn hat? Ist etwas sinnvoll, weil viele Menschen mitmachen? Ist etwas sinnvoll, weil man es schön findet und angenehm? Das scheint ein bisschen wenig zu sein. Woher bekommt also etwas seinen Sinn?

Eines Morgens, als Hannahs Vater wieder einmal übermüdet von einem nächtlichen Patientenbesuch am Frühstückstisch saß, hatte sie ihn gefragt, ob ihm sein Beruf unter diesen Bedingungen eigentlich immer noch Spaß mache. Da wurde er schlagartig ganz wach: „Weißt du, Tochter, manchmal bin ich tatsächlich müde und zweifle auch am Sinn meiner Tätigkeit, weil zum Beispiel wieder

eine alte Frau Schmerzen hat und Massagen oder Krankengymnastik für unser Gesundheitssystem zu teuer sind. Aber dann erinnere ich mich daran, warum ich anfangs gerne Arzt werden wollte. Ich wollte Menschen helfen und ich wusste, dass das nicht einfach werden würde. Dass die Hilfe oft am fehlenden Geld scheitern würde, hätte ich sicher nicht gedacht, aber ich habe immer mit Schwierigkeiten gerechnet. Wenn ich mich daran erinnere, dann finde ich meinen Beruf auch heute zwar immer noch nicht einfach, aber sehr sinnvoll."

Vielleicht ist es ja mit der Kirche genauso, denkt sich Hannah. Welchen Sinn Kirche heute für mich haben kann, verstehe ich sicher besser, wenn ich etwas von ihren Anfängen erfahre.

In Predigten und im Religionsunterricht hat sie oft den Namen Paulus gehört und als sie nun in ihrer Kirchengeschichte nachliest, erfährt sie ganz erstaunt, dass dieser Paulus noch vor den Evangelisten, die ja von Jesus erzählen, gelebt hat. Jedenfalls war er bereits gestorben, bevor die ihre Evangelien überhaupt erst in Angriff nahmen. Das müsste doch jemand sein, den man zu den Anfängen der Kirche befragen könnte.

Hannah beschließt, ihren ersten Gesprächsgutschein für Paulus zu verwenden. Ob sie es tatsächlich mit dem Internet versuchen soll? Ihr kommt das alles so unwirklich vor. Andererseits will sie nicht erst auf irgendwelche nächtlichen Träume warten. Und das Angebot hieß ja: Kontaktaufnahme per Computer. Wie gesagt, Hannah ist eher ein rationaler Typ, gut informiert über die Möglichkeiten und Grenzen eines Computers und mittlerweile auch ordentlich in die Internet-Benutzung eingearbeitet. Deshalb scheint ihr letztendlich kein großer Unterschied zu bestehen zwischen geheimnisvollen Internet-Kontakten und geheimnisvollen Träumen. Ihr fällt ein Satz ein, den sie schon immer richtig fand: „Zwi-

schen Himmel und Erde gibt es mehr, als wir uns vorstellen kön-nen." So gibt sie sich schließlich einen Ruck und setzt sich vor den Computer.

Während sich die Seite der Suchmaschine langsam aufbaut, wird Hannah immer aufgeregter. Sie gibt „Paulus" ein. Ob Paulus wohl eine Homepage hat? Aber was soll eine Homepage nützen? Sie sucht ja keine Informationen, sondern ein Gespräch. Egal, sie probiert es einfach. Und tatsächlich: Als Suchergebnis erscheint „Paulus, römischer Bürger, ehemals Saulus". Das ist er, denkt Han-nah. Klasse, er ist wirklich angeschlossen. Und da auf der Home-page links unten wird auch ein Chat angeboten. Ist ja ideal, denkt sie und ist jetzt gar nicht mehr aufgeregt, sondern konzentriert sich voll auf das Gespräch.

Guten Tag, Paulus, hier spricht Hannah. Ich habe einen Gesprächsgutschein für ein Gespräch mit dir, in dem ich dich alles fragen darf.

Guten Tag, Hannah. Ja, ich weiß Bescheid, du kannst deine Fra-gen stellen.

Ich bin mir nicht sicher, ob ich mich firmen lassen soll. Damit ich mich besser entscheiden kann, möchte ich etwas von den Anfängen der Kirche erfahren, zu der ich heute gehöre. In meinem Kirchengeschichtsbuch bin ich oft auf deinen Namen gestoßen und habe auch schon einiges über deine Missionsreisen in der Apostelgeschichte im Neuen Testament nachgelesen. Es scheint, als ob du alles in Bewegung gebracht hättest. Könnte man sagen, dass mit dir die Kirche begonnen hat?

Nein, das kann man nicht sagen. Ich habe zwar mitgeholfen bei der weiteren Entwicklung der Kirche und vor allem bei ihrer Ausbreitung - du hast ja schon die Missionsreisen erwähnt. Aber das war erst später. Angefangen hat die Kirche mit Jesus und seinen Jüngern und so richtig und endgültig mit den Ereignissen, die ihr heute an Pfingsten feiert.

Würdest du mir etwas über dich und dein Leben erzählen? Ich meine nicht nur die äußeren Daten, sondern das, was dich interessiert und bewegt hat.

Wo soll ich da anfangen? Mein wirkliches Leben begann erst, nachdem ich mich zu Jesus, dem Christus, bekehrt hatte. Aber dieses Leben hatte natürlich eine Vorgeschichte. Geboren wurde ich unter dem Namen Saulus in Tarsus, das liegt auf eurer Weltkarte in der südlichen Türkei. Ich habe dann in Jerusalem studiert, wo die bedeutendsten Theologen unserer Zeit lehrten, und ich war fasziniert von den Traditionen unseres Volkes und überzeugt von der Heiligkeit des mosaischen Gesetzes. Dieses Gesetz meinte für uns Juden damals die Zehn Gebote und alle Bestimmungen, die du in den Büchern Levitikus, Numeri und Deuteronomium im Alten Testament nachlesen kannst.

Du weißt ja, dass mein Volk vor langer Zeit als Zwangsarbeiter, wir haben sogar „Sklaven" gesagt, in Ägypten lebte. Gott hat dann Moses berufen, damit er uns aus der Gefangenschaft herausführte. Mit ihm hat das jüdische Volk den langen Weg aus Ägypten in das Land Israel angetreten. Mit „lang" meine ich nicht nur die weite Entfernung, sondern noch mehr die vielen Probleme, die bewältigt werden mussten, und die

inneren Kämpfe um das richtige Zusammenleben und den gemeinsamen Glauben, die unser Volk letztendlich zusammenschweißten. Ein besonderer Höhepunkt war, als Moses auf dem Berg Sinai die Zehn Gebote empfing, zum Zeichen des Bundes mit Gott. Wir haben diese Gebote nie als Last empfunden, so wie ihr später. Für uns waren sie die Grundregeln für unser Zusammenleben, uns gegeben von unserem Gott, der es gut mit uns meint. Gerade darum ist sein Name im Alten Testament ja „Jahwe", das bedeutet: Ich bin für euch da. Die Zehn Gebote waren allerdings schon damals nicht das ganze Gesetz, sondern es gab noch eine Vielzahl von Regelungen und Ausführungen und ein wirklich gesetzestreuer Jude zu meiner Zeit musste sie alle kennen und sich daran halten. Ich fand viele sinnvoll und wichtig, manche verstand ich nicht, aber ich achtete sie, weil sie von meinem Gott stammten.

Nachdem ich meine Studien beendet hatte, beauftragte man mich mit Untersuchungen über eine neue Sekte, die man die „Christianer" nannte. So kam ich das erste Mal in Kontakt mit den Christen. Und ich war wirklich erschüttert über ihre Ansichten und ihre Lebensweise.

Es wollte nicht in meinen Kopf, warum gläubige Anhänger unseres Gottes mit diesem Jesus durch die Lande gezogen waren und den Anbruch des Gottesreiches verkündet hatten, und dass der Kerl am Ende von unserer Obrigkeit hingerichtet worden war, fand ich absolut in Ordnung. Ich dachte, dass dieser Gotteslästerer und seine Anhänger nun endlich erledigt wären. Nach seiner Beerdigung haben sich seine Leute auch tatsächlich eine Zeit lang verkrochen, aber dann kamen sie aus ihren Verstecken wieder hervor und gründeten in Jerusalem eine Gemeinde. Und als sie auch noch überall verkünde-

ten, Jesus sei von den Toten auferstanden, da war der Skandal perfekt. Das konnten wir rechtgläubigen Juden natürlich nicht dulden und so machten wir den Christianern das Leben schwer.

Schließlich wurde ich sogar zum Mörder. Da war nämlich einer, der sich besonders wichtig tat und beim Volk gut ankam. Er hieß Stephanus und war ein begnadeter Redner und Heiler, aber er lästerte Gott, davon war ich zumindest überzeugt. Nach seiner Verhaftung hielt er eine flammende Rede über die ganze Geschichte unseres Volkes von seinen Anfängen an und dann sagte er, wir hätten schon immer unsere Propheten getötet und den einzig Gerechten hätten wir jetzt auch noch ermordet. Es war empörend für mich das zu hören. Als er schließlich eine Vision zu haben schien und rief, er sehe den Himmel offen und Jesus an der Seite Gottes stehen, da war der Mob nicht mehr zu halten. Weißt du, zu allen Zeiten haben die Menschen dazu geneigt, das zu töten, was fremd und bedrohlich und unangenehm ist, und genauso war es damals auch. Sie steinigten den Stephanus und ich war dabei. Deshalb bin auch ich der Mörder von Stephanus, dem ersten Märtyrer der Christen. Das war, wenn ich mich recht erinnere, im Jahr 32.

Nicht lange danach passierte das, was man später zu Recht meine „Bekehrung vom Saulus zum Paulus" genannt hat. Auf dem Weg nach Damaskus in Syrien, wo ich weiter gegen die Christianersekte vorgehen wollte, geschah etwas, das mein ganzes Leben veränderte: Ich wurde von einem übernatürlich hellen Licht niedergeworfen und hörte die Stimme Jesu, der mich fragte: „Saul, warum verfolgst du mich?" Danach war ich für drei Tage blind. Ich war völlig verwirrt, traute meinen

eigenen Sinnen nicht und brauchte diese drei Tage in der Dunkelheit dringend, um das Erlebnis zu verarbeiten, darüber nachzudenken und mich zu entscheiden. Und ich entschied mich: Seit diesem Zeitpunkt gehörte ich zu Jesus Christus und habe mit all meiner Kraft geholfen, das Evangelium zu verkünden und die Kirche zu gestalten. Ich arbeitete in der Jerusalemer Urgemeinde mit und gründete und betreute neue Gemeinden in der ganzen damals bekannten Welt.

Könnte man also sagen, dass du erst etwas später eingestiegen bist, dann aber kräftig mitgemischt hast?

Vielleicht würdet ihr das heute so ausdrücken.

Wie lebte man denn damals in der jungen Kirche?

Zunächst waren die ersten Christen in Jerusalem ihrem jüdischen Glauben noch sehr verbunden. Man nahm an den Synagogengottesdiensten teil und lebte nach den jüdischen Regeln. Gleichzeitig aber bildeten die Christen mit den Aposteln von Anfang an eine eigene Gemeinschaft, die ihren eigenen Gottesdienst feierte und mit einer Mahlfeier an den Opfertod Jesu erinnerte. Schon bald löste man sich vom Judentum und das „typisch Christliche" wurde unübersehbar: die Taufe, das Gebet zu Jesus Christus, dem Sohn Gottes, und die Eucharistiefeier, bei der Christus in Brot und Wein gegenwärtig ist. Du kannst dir sicher vorstellen, dass das Leben für die ersten Christen nicht gerade einfach war, vor allem, als um das Jahr dreißig herum die Verfolgungen begannen.

Was könnte ich noch erzählen? Das wichtigste Merkmal im Alltag der ersten Christen war vielleicht, dass man richtig und wahrhaftig zusammenlebte. Man kam nicht wie ihr heute einmal in der Woche am Sonntag zum Gottesdienst zusammen und traf sich dann vielleicht noch ab und zu in einer Jugend- oder Messdienergruppe oder einem Frauen- oder Familienkreis, sondern die Gemeinde teilte sogar ihr Hab und Gut. Heute nennt man so etwas Gütergemeinschaft und das gibt es eigentlich nur noch in Familien und in Klöstern: Jeder gibt, was er hat, in einen gemeinsamen Topf und dann bekommt daraus jeder das, was er braucht.

Natürlich können solche Gemeinschaftsformen auch zu Problemen führen und in der Urgemeinde war das nicht anders: Die Hellenisten, das waren die griechisch sprechenden Christen, hatten eines Tages den Eindruck, dass ihre Witwen bei der täglichen Versorgung zu kurz kamen gegenüber den aramäisch sprechenden Witwen. Das war ein ernstes Problem, an dem man sehen kann, dass Neid und Ungerechtigkeit oft vorkommen, wenn Menschen zusammenleben. Es musste also etwas geschehen, denn die Sorge für schutzlose Witwen und Waisen war eine wichtige Aufgabe. Die Apostel riefen darum die Gemeinde zusammen und man einigte sich, dass die Apostel wohl überfordert seien, wenn sie einerseits predigen und das Wort Gottes verkünden, andererseits auch noch die praktischen Dinge des Alltags regeln sollten. Also wählte man sieben Männer aus, denen man die Armenfürsorge und andere organisatorische Aufgaben anvertraute. Es gab also schon ganz am Anfang verschiedene Dienste in der Kirche.

Anscheinend aber auch schon handfeste Streitereien, stimmt's? Jetzt habe ich noch eine andere Frage: Heute finden viele Jugendliche die Kirche schrecklich autoritär und die meiste Kritik bekommt dabei der Papst ab. Gab es damals schon Päpste? Wer war überhaupt der erste Papst?

Weißt du, wie der Dom im Vatikan heißt? Und kennst du die offizielle Bezeichnung der Päpste? Entschuldige, wenn ich etwas belehrend bin, manchmal kann ich mir solche Fragen nicht verkneifen. Also: Der Papst heißt zunächst „Bischof von Rom" und ist als solcher Nachfolger des Petrus. Darum heißt die römische Bischofskirche auch „Petersdom". Ungefähr im Jahr 57 schrieb ich einen Brief an die römische Gemeinde, die dort schon existierte, und ich bin mir sicher, dass es Petrus war, der sie gegründet hat. Jedenfalls hat er sie eine Zeit lang geleitet. Er ist sehr wahrscheinlich bei den Christenverfolgungen unter Kaiser Nero im Jahr 64 als Märtyrer gestorben und dort begraben worden, wo heute die Peterskirche steht. So war Petrus, wenn du so willst, der erste Papst.

Jetzt wirst du sicher einwenden, dass die Kirche ja nicht in Rom, sondern in Jerusalem begonnen hat. Das ist schon richtig, aber in der Gemeinde dort, die eigentlich von den zwölf Aposteln gleichberechtigt geleitet wurde, hatte Petrus auch schon eine besondere Rolle. Auf ihn hörte man. Das, was er sagte, hatte Gewicht. Mir ist das oft aufgefallen.

Warum das Zentrum der Kirche von Jerusalem nach Rom verlagert wurde? Nun, das hat mehrere Gründe. Zum einen war es der Auftrag unseres Herrn Jesus, dass wir seine Botschaft in die Welt hinaustrugen. Unser Glaube sollte ja nicht

24

als jüdisch-israelische Angelegenheit fortbestehen. Zum anderen hatte es wenig Sinn, in Jerusalem zu bleiben, denn im Jahr 66 brach der jüdisch-römische Krieg aus und als der römische Kaiser Titus Jerusalem und seinen Tempel zerstört hatte, war Judäa einfach nicht mehr das Land, aus dem wir stammten. Wir Christen hatten uns da aber schon von Jerusalem gelöst und der weiten Welt zugewandt. Unseren jüdischen Brüdern und Schwestern stand dieser Schritt noch bevor. Ein dritter Grund war Petrus selbst. Er hat die römische Gemeinde geleitet und alle römischen Bischöfe betrachten sich als seine Nachfolger. Und auf Petrus hat Jesus seine Kirche schließlich bauen wollen. Deshalb ist Rom zum Zentrum der Kirche geworden.

Dann habe ich noch eine letzte Frage: Gab es bei euch schon die Firmung?

Die Firmung als Sakrament gab es so noch nicht. Überhaupt hat sich vieles erst später entwickelt oder es gab Riten und Zeichen, für die man aber keine besonderen Namen hatte, weil alles noch in den Anfängen war.

Es gab aber bereits das, was mit der Firmung gemeint ist: Lukas berichtet in der Apostelgeschichte, wie Petrus und Johannes um die Gabe des Heiligen Geistes für die beteten, „die schon die Taufe auf den Namen des Herrn Jesus empfangen haben". Dabei legten sie den Menschen die Hand auf, genau so wie es bei euch der Bischof bei der Firmung auch tut. Diese „Gabe des Heiligen Geistes" ist dieselbe, die die Apostel an Pfingsten empfangen haben. Aber davon hörst du sicher später noch. Mit der Gabe des Heiligen Geistes haben die

ersten Christen den Mut gehabt, von ihrem Glauben zu erzählen und ihn weiterzugeben.

Paulus, ich habe einiges erfahren über dich und darüber, wie du zum Glauben gekommen bist. Und ich kann mir jetzt auch besser vorstellen, wie ihr in den ersten Gemeinden gelebt habt.
Ich habe verstanden, dass es euch vor allem darum ging, den Glauben an Jesus Christus weiterzutragen. Nun habe ich den Eindruck, dass ich wohl etwas mehr über ihn, zu dem wir Christen gehören, erfahren müsste. Hast du einen Tipp für mich, wen ich da fragen könnte?

Frag doch die, die ihn gekannt haben. Am besten wendest du dich an einen Apostel oder an eine der Frauen, die von Anfang an dabei waren. Maria aus Magdala vielleicht.

Nach dem Gespräch mit Paulus überdenkt Hannah noch einmal alles, was sie erfahren hat. Das muss ich aufschreiben, denkt sie und holt ihr neues lilafarbenes Heft, das sie für besondere Notizen und Gedanken gekauft hat. Vier Punkte hält sie fest, die ihr bei ihrer Frage nach den Anfängen wichtig erscheinen:

- Paulus hat die Kirche nicht gegründet, aber er war sehr wichtig für ihre Ausbreitung. An seiner Person kann man sehen, welche Überzeugungskraft der christliche Glaube gehabt hat, denn aus dem fanatischen Christenverfolger Saulus wurde der überzeugte Christ Paulus.

- In den ersten Gemeinden lebte man in echter Gemeinschaft zusammen und teilte sogar den Besitz. Bei Problemen traf man sich und sprach miteinander. Es gab auch schon verschiedene Dienste, weil die Aufgaben verteilt werden mussten.
- Schon im ersten Jahrhundert verlagerte sich das Zentrum des Christentums von Jerusalem nach Rom und Petrus gilt als der erste Papst.
- Die Firmung gab es in der jungen Kirche zwar noch nicht als feste Einrichtung, aber man kannte die Gabe des Heiligen Geistes, die die Apostel den Getauften durch Handauflegung weitergaben.

3. Kapitel:

Von Jesus, dem Christus - Hannah trifft Maria Magdalena

Maria von Magdala ging zu den Jüngern und verkündete ihnen: Ich habe den Herrn gesehen.
(JOH 20,18)

In den nächsten Tagen denkt Hannah häufig über diesen Paulus nach. Der Gründer der Kirche sei er nicht, hat er gesagt, nach dem solle sie andere befragen. So bescheiden sind bedeutende Männer selten. Vielleicht liegt das daran, dass Paulus sich als Mitarbeiter im Dienst einer großen Sache verstanden hat. Jemand, der sein ganzes Leben auf eine Karte setzt und dafür alles, woran er bisher geglaubt hat, aufgibt, der verfolgt und schließlich getötet wird und der kein Spinner und Verrückter ist, sondern eben ein bedeutender Mann – das hat schon etwas Überzeugendes!

Hannah kommt der Gedanke, dass dann auch die Sache, für die sich so ein Mensch so kompromisslos einsetzt, sehr überzeugend sein muss. Sie fragt sich: Gibt es Ideen und Gedanken, für die ich mein Leben ändern würde?

Es muss ungefähr zwei Jahre her sein, da hatten sie im Religionsunterricht über die Kirche gesprochen und viele ihrer Mitschüler, sie selber eingeschlossen, haben sich aufgeregt über den Papst und die Pfarrer und darüber, dass die nicht heiraten dürfen. Ihr Lehrer hatte ihnen damals vorgeschlagen, doch einfach mal ihre Gemeindepfarrer zu fragen, wie es sich denn so als Priester lebe und wie sie ihren Beruf verstehen. Hannah hielt das für eine prima Idee. Sie nahm ihren ganzen Mut zusammen und meldete sich beim Pfarrer an. Pfarrer Müller war sehr nett, als sie ihn um ein Interview bat – sie hatte extra diesen Ausdruck gewählt, weil er seriöser klingt – und er hatte sie eingeladen, ruhig alles zu fragen, was sie wolle.

Zunächst hatte sie etwas um den heißen Brei herumgeredet, aber dann war es doch aus ihr herausgeplatzt: „Ich verstehe einfach nicht, wie man wegen einer Sache, und sei sie noch so gut wie das Christentum, auf eine Frau und eine Familie verzichten kann!" Pfarrer Müller war gar nicht ärgerlich gewesen, sondern hatte sie

lächelnd angesehen und nach einer längeren Denkpause etwas gesagt, woran sie jetzt wieder denken muss:

„Weißt du, Hannah, das Christentum ist für mich nicht einfach eine gute Sache oder eine interessante Idee, es ist viel mehr. Wir glauben nicht an eine Sache, sondern an eine Person, nämlich an Jesus Christus, den Sohn von Gottvater im Himmel. Als ich mich damals entschloss, Priester zu werden und das Zölibat, also die Ehelosigkeit, in Kauf zu nehmen, da war dieser Unterschied für mich sehr wichtig: Eine Sache hätte ich niemals so tief lieben können, aber Christus – den liebte ich so, dass ich für den Dienst in seiner Kirche den Verzicht auf Ehe und Familie leisten wollte und auch konnte."

So richtig verstanden hatte Hannah ihren Pfarrer damals nicht, aber jetzt fällt ihr seine Unterscheidung zwischen dem Glauben an eine Sache und dem Glauben an eine Person wieder ein. So ähnlich wird es bei Paulus auch gewesen sein. Auch wenn er Jesus nicht persönlich kennen gelernt hat, kannte er doch Personen, die von ihm erzählen konnten, und er selber hatte auch so etwas wie eine Begegnung mit Jesus, damals auf dem Weg nach Damaskus.

Nun möchte Hannah endlich mehr über Jesus, nach dem die Christen sich benennen, erfahren. Wen hatte Paulus ihr doch gleich empfohlen? Maria Magdalena? Von der hat sie natürlich schon gehört. War das nicht die große Sünderin, die später als Jüngerin mit Jesus umherzog und sogar Zeugin seiner Kreuzigung wurde? War sie nicht eine Prostituierte?

Hannah schlägt in ihrer Kirchengeschichte nach. Aber dann fällt ihr ein, dass dort sicher nichts über diese Frau zu finden ist. Sie muss in der Bibel nachschauen.

Nachdem sie eine Zeit lang das Namensregister studiert und in den Evangelien herumgesucht hat, weiß Hannah schon einiges über

Maria Magdalena: Ihr Name war Maria, den Namenszusatz trug sie, weil sie aus dem Ort Magdala stammte, also sollte man wohl besser sagen: Maria aus Magdala. Zwei Dinge findet Hannah bemerkenswert: Jesus befreite Maria aus Magdala von sieben bösen Geistern. Und später war sie die Erste, die dem auferstandenen Jesus begegnete. Scheint eine interessante Frau gewesen zu sein, diese Maria aus Magdala, denkt Hannah. Ob ich sie genauso einfach erreichen kann wie Paulus? Wird wohl so sein, denn G. hat es mir ja zugesagt. Ich habe die Gesprächsgutscheine, also werde ich es versuchen.

Am nächsten Abend sitzt sie wieder vor ihrem Computer und wartet gespannt, ob die Suchmaschine etwas findet. Die Maschine ist schlau: Unter „Maria Magdalena" findet sie nichts, aber bei „Maria aus Magdala" gibt es ein Ergebnis. Hannah und die Frau aus Magdala können ihr Gespräch beginnen.

Guten Tag, Maria, hier spricht Hannah. Ich habe einen Gesprächsgutschein für ein Gespräch mit dir.

Guten Tag, Hannah. Ja, ich bin informiert darüber. Worüber möchtest du sprechen?

Ich möchte mehr erfahren über Jesus von Nazaret, den Christus. Und ich weiß, dass du ihn gut gekannt hast. Es wäre schön, wenn du mir etwas über ihn erzählen könntest. Zunächst würde ich dich aber gerne näher kennen lernen.

Gerne. Ich stamme aus dem Ort Magdala. Dort lebte ich als unverheiratete Frau, was du daran erkennen kannst, dass ich

nach meinem Heimatdorf benannt werde. Verheiratete Frauen trugen damals nämlich den Namen ihres Mannes. Ich war sehr krank, bevor ich Jesus traf, eigentlich sterbenskrank. Ich litt unter einer Art Geisteskrankheit, die mein Leben völlig lähmte. Was genau es war - ob vielleicht einfach eine Depression oder Wahnvorstellungen oder auch eine Form von Epilepsie - dafür interessierte man sich damals noch nicht. Ich war jedenfalls wie von bösen Geistern besessen und die Heilung durch Jesus war wie eine Geisteraustreibung: Es war eine Erlösung für mich, die mein ganzes Leben verändert hat.

Man hat mich später oft für eine Prostituierte gehalten, weil man dachte, ich sei die „stadtbekannte Sünderin", die Jesus einmal in Betanien gesalbt hat. Das war ich aber nie! Hier liegt eine Verwechslung vor, auf dieser Klarstellung muss ich bestehen!

Nachdem Jesus mich geheilt hatte, zog ich mit ihm; neben den zwölf Aposteln gab es nämlich eine ganze Reihe von Frauen, die ihm als Jüngerinnen nachfolgten. Wir besaßen ein wenig Geld und stellten es zur Verfügung, denn auch ein Wanderleben kostet ja etwas. Ab und zu ruhten wir uns in einem der Häuser, die Leuten aus der Gruppe gehörten, aus. Dieses Leben nahmen wir auf uns, weil es um die neue Botschaft unseres Meisters Jesus ging. Manchmal hörten die Leute zu, waren freundlich und nahmen uns als Gäste auf. Manchmal wurden wir aber auch ausgelacht und beschimpft. Von Jesus sagten sie, er habe seine Heilkräfte vom Satan und außerdem würde er Gott lästern. Ungefähr drei Jahre dauerte dieses Leben, dann merkten wir, dass es immer gefährlicher wurde, denn die Pharisäer verhielten sich zunehmend feindselig und stellten Jesus ständig neue Fallen, indem sie ihn in Diskussio-

nen verwickelten und hofften, er würde sich als Gotteslästerer verraten. Sie suchten einfach einen Grund, um ihn loszuwerden. Auch im Volk wurde die Stimmung immer aggressiver. Deshalb waren wir Jünger auch gar nicht einverstanden, als Jesus um die Zeit des Pessach-Festes herum nach Jerusalem hinauf wollte. Aber er war nicht davon abzubringen, er wollte dieses wichtige Fest, an dem sich die Juden an die Befreiung aus Ägypten erinnern, in der Heiligen Stadt feiern. Wahrscheinlich ahnte er auch, was auf ihn zukommen würde, und wollte seinem Schicksal nicht ausweichen.

Den Rest kennst du. Jedenfalls waren seine Mutter und ich beim grauenhaften Ende, nämlich bei seinem Tod am Kreuz, bei ihm. Das war kaum zu ertragen, aber trotzdem selbstverständlich für uns. Für uns Frauen war es dort am Hinrichtungsplatz auch nicht so gefährlich wie für die Männer.

Das stelle ich mir alles sehr aufregend vor. Wie mutig von dir, so mit Jesus zu gehen! Könntest du mir jetzt etwas über ihn erzählen?

Jesus ist in Nazaret in Galiläa aufgewachsen und hat wie sein Vater als Zimmermann gearbeitet. Ungefähr mit dreißig Jahren fing er an, als Wanderprediger durch das Land zu ziehen und den Menschen von Gott zu erzählen. Schließlich bekam er Ärger mit den jüdischen Behörden und man lieferte ihn den Römern aus, die damals Israel besetzt hielten und deshalb auch die Gerichtsbarkeit kontrollierten. Der römische Statthalter Pontius Pilatus verurteilte Jesus zum Tod am Kreuz. Das sind die bekannten Daten aus seinem Leben. Aber es ist sicher nicht das, was du wissen willst, oder? Du möchtest

bestimmt etwas über sein Wesen und seine Persönlichkeit erfahren.

Vielleicht beginne ich am besten mit seiner Botschaft, denn neben seiner mitreißenden Persönlichkeit war es ja seine Lehre, die uns damals zu seinen Jüngern machte.

Vor meiner Heilung hatte ich nicht viel von Jesus gehört. Ich wusste nur, dass es da einen geben sollte, der die verschiedensten Krankheiten heilen konnte. Das war zwar nichts völlig Außergewöhnliches, denn es gab immer wieder einmal Menschen mit besonderen Heilkräften. Jesus aber hatte einen ganz besonderen Ruf: Man sagte, es gehe ihm nicht um die Heilung an sich. Darunter konnte ich mir nichts vorstellen. Aber mir ging es schlecht und ich war so am Ende, dass ich alles ausprobiert hätte. Als er in die Gegend von Magdala kam, suchte ich ihn auf. Ich musste nicht viel sagen, denn er verstand sofort. Auch er redete nicht groß herum, sondern erwähnte nur meinen Glauben und in kürzester Zeit wurde ich gesund. Woran ich glaubte, das wusste ich zu diesem Zeitpunkt selber nicht, das lernte ich erst später. Zuerst glaubte ich einfach nur ihm, seiner Person, erst dann dem, was er lehrte, also seiner Botschaft.

Der Kern seiner Botschaft ist - und ich benutze jetzt ganz bewusst die Gegenwartsform - das Reich Gottes. Du weißt vielleicht, dass die Juden zu allen Zeiten auf das Reich Gottes gewartet haben, bis heute warten sie darauf. Jesus aber hat gesagt, dass wir nicht länger warten brauchen. Das Reich Gottes hat angefangen und zwar mit ihm. Wir müssen nicht mehr nur auf eine ferne Zukunft hoffen, sondern jetzt ist es bereits da und jetzt sollten wir unser Leben ändern. Natürlich haben sich alle gewundert; das lang ersehnte Reich Gottes

35

hatten wir uns nun wirklich anders vorgestellt und die Welt sah auch zu unserer Zeit alles andere als heil aus. Aber Jesus hat uns aufgefordert, auf die kleinen Zeichen zu achten und darauf zu vertrauen, dass alles wachsen werde wie das Senfkorn, das in einem Jahr aus einem winzigen Samen zu einem stattlichen Baum heranwächst.

Ein wichtiger Unterschied zwischen Jesu Botschaft vom Reich Gottes und dem Denken der meisten Juden damals war seine Zusage, dass alle ins Reich Gottes gerufen sind, wenn sie nur aufrichtig daran glauben und bereit sind sich dafür zu entscheiden. Egal ob Kranke, Arme und Ausgestoßene oder Sünder wie Prostituierte und Zöllner - alle können in Gottes Reich kommen, wenn sie sich ernsthaft dafür entscheiden.

Diese Entscheidung hat allerdings handfeste Konsequenzen für das Leben eines Christen und hier kommt die Liebe ins Spiel, besonders die Nächstenliebe. Du kennst doch die Stellen in der Bergpredigt, über die man sich oft lustig macht. Ich meine die Sätze über die Feindesliebe oder die Aufforderung, die andere Backe anzubieten, wenn man auf die erste geschlagen wurde. Man kann diese „verrückten" Forderungen nur verstehen, wenn man sie im Zusammenhang mit dem Reich Gottes sieht: Weil Gott uns so sehr liebt, dass er uns in sein Reich einlädt, und weil dieses Reich ein Reich der Liebe ist und mit seinem Sohn Jesus Christus schon angefangen hat, deshalb sollen und dürfen wir auch „unvernünftige" Liebe in diese Welt bringen.

Jetzt wirst du sagen, dass es unrealistisch ist, alle Menschen zu lieben. Und da hast du Recht, wenn man unter Liebe in erster Linie ein warmes Gefühl versteht. Ich kann nicht alle Menschen mögen und lieb haben. Wenn ich das ständig

krampfhaft versuchen würde, dann würde ich wahrscheinlich krank. Ich kann aber den Menschen offen begegnen; ich kann sie möglichst gerecht behandeln oder zumindest dort, wo ich Einfluss habe, für Gerechtigkeit sorgen; ich kann verzeihen oder auch mal Gnade vor Recht ergehen lassen. Alles das würde Jesus „Liebe" nennen. Und mit dieser Grundhaltung kann man doch auf viele Menschen zugehen, oder?

Was könnte ich dir noch erzählen über Jesus, über seine Persönlichkeit, seine Ausstrahlung? Dieser Jesus, den ich drei Jahre lang gut gekannt habe, der war kein Spinner und kein Träumer, auch kein Opfertyp - du weißt schon, diese Menschen, die es immer so einrichten, dass sie von anderen abgelehnt und ausgestoßen werden und die dann erst glücklich und zufrieden sind. So einer war er nicht. Er lebte gerne, er aß und trank und feierte mit Genuss und er liebte seine Freunde. Insofern war er ein richtiger Mensch. Aber da war eben auch mehr an ihm: Er sprach von Gott in ungewohnter Weise und er handelte unkonventionell und immer wieder überraschend, so wie einer, der mit einer besonderen Macht ausgestattet ist, einer Macht, die er von woandersher bekam.

Manchmal - entschuldige, wenn ich diese Kritik äußere - hat man bei euch den Eindruck, dass ihr aus Jesus einen lieben, harmlosen Jungen gemacht habt, der zu allen freundlich ist und niemandem etwas tut. So war er aber überhaupt nicht, er nicht und auch wir nicht, die wir mit ihm zogen. Jesus ging es wohl um die Liebe, aber nicht um ein naives Liebsein. Man darf Liebe nicht mit Harmonie um jeden Preis verwechseln; und wo es um die Wahrheit geht, da wird es leider oft unangenehm. Erinnerst du dich an die Begebenheit, als Jesus seine Mutter und seine Brüder wegschickte,

weil seine wahre Familie die sei, die den Willen des Vaters im Himmel tue? Oder an die Erzählung, wie er die Geldwechsler aus dem Tempel warf? Oder wie er Petrus den Satan nannte, weil der ihn vor dem Tod bewahren wollte? Wir fanden das alles überhaupt nicht nett, verstanden auch manches nicht, aber es schien wichtig und notwendig zu sein.

Jetzt hast du einen Eindruck davon, wie Jesus war und was er verkündet hat. Alles passte zusammen und schien richtig zu sein. Nicht wie bei irgendeinem Seelenfänger einer Sekte.

Maria Magdalena, jetzt muss ich doch noch etwas fragen, hoffentlich klingt es nicht zu dumm: Was bedeutet eigentlich der Name „Christus"? Als Kind habe ich immer gedacht, das sei der Nachname von Jesus, inzwischen weiß ich aber, dass das so nicht stimmt. Warum also heißt Jesus auch Christus?

Das ist gar keine dumme Frage, sondern eine, die zum Innersten, zum Zentrum des Glaubens gehört. Jesus wurde ja nicht als Christus geboren, sondern eben als Jesus, der Zimmermanns-Sohn aus Nazaret. Er war ein wirklicher Mensch, der sein Leben lebte, ein echtes menschliches Leben.

Aber er war - und da fängt der Glaube an - eben nicht nur ein Mensch, er war mehr. Nach allem, was er uns gesagt hatte, und nach allem, was wir mit ihm erlebt hatten, und erst recht nach der Auferstehung kamen wir zu der Überzeugung, dass er nicht nur Jesus, der Sohn des Zimmermanns war, sondern auch Jesus Christus, der Sohn Gottes. Und da sind wir schon beim Christus-Titel: „Christos" bedeutet „Gesalbter"

und ist die griechische Übersetzung des hebräischen Wortes „maschiach", das ihr „Messias" aussprecht. Ich habe schon erzählt, dass die Juden zu allen Zeiten auf den Messias gewartet haben, das heißt auf den Retter und König. Daher kommt die Bezeichnung „gesalbt", denn gesalbt wurden damals vor allem die Könige. Wenn wir Jesus „den Christus" genannt haben, dann haben wir damit also ausgedrückt, dass wir daran glauben, dass er der Messias ist, der Sohn Gottes, der zu uns gekommen ist. Und weil das tatsächlich die Mitte unseres Glaubens ist, deshalb haben wir uns „Christen" genannt.

Du hast gesagt, die Auferstehung habe euch überzeugt, dass Jesus der Sohn Gottes ist. Kannst du mir darüber etwas erzählen? Kann man überhaupt davon erzählen?

Das muss man sogar, schließlich gehört sie zum Kern unseres Glaubens. Die Frage ist nur, wie man von der Auferstehung erzählt.

Eines muss man vorausschicken: Ohne den Glauben an die Auferstehung gäbe es überhaupt keinen christlichen Glauben. Denn wenn Jesus „nur" eine schöne Botschaft gehabt hätte, für die er leider gestorben ist, dann wäre er sicher ein guter Mensch gewesen, ein Prophet, vielleicht auch ein Vorbild, aber nicht jemand, an den man glauben und auf den man seine Hoffnung setzen kann. Dass Jesus auferstanden ist, war die logische Konsequenz aus allem, was er gesagt und getan hat: Der Tod ist nicht das Ende und Gott will uns aus dem Tod erretten.

Ja, von der Auferstehung zu erzählen, das ist gar nicht so

leicht und ich kann dir im Grunde nicht mehr sagen als das, was du auch in den Evangelien nachlesen kannst.

Es ist etwas passiert, was uns zu der Überzeugung gebracht hat: Jesus ist nicht tot. Er lebt, er ist da, Gott hat ihn auferweckt. Du brauchst uns aber nicht zu beneiden, denn auch wenn wir ihn „gesehen" haben - der Jesus, den wir gekannt hatten, den haben wir nicht wiedergesehen. Er hat nicht „einfach so weitergelebt", wie du vielleicht vermutest.

Wenn du in der Bibel nachliest, wie vom auferstandenen Jesus gesprochen wird, wirst du feststellen, dass die Begegnungen mit ihm nie dargestellt sind wie einfache Treffen zwischen Mensch und Mensch. Erinnere dich nur einmal an die beiden Jünger auf dem Weg nach Emmaus. Wieso hätten sie ihren geliebten Meister nicht wiedererkennen sollen? Erst beim Brotbrechen haben sie ihn erkannt, also bei der Zeichenhandlung, die bis in eure Zeit hinein die Gegenwart Jesu verdeutlicht. Oder der so genannte „ungläubige" Thomas, den ich übrigens sehr mochte, weil er sich nicht so leicht für dumm verkaufen ließ, sondern immer ein gesundes Misstrauen beibehielt. Jesus zu sehen war ihm nicht genug - er brauchte zumindest das Angebot, seine Wunden zu berühren. Oder lies einmal beim Evangelisten Johannes nach, wie er meine Begegnung mit Jesus beschreibt: Als ich an jenem Morgen an das Grab kam und es leer fand, habe ich Jesus nicht erkannt. Ich dachte, er sei der Gärtner. Und du kannst mir glauben: Ich kannte Jesus gut, ich habe ihn oft angeschaut und manches Mal umarmt. Seine Erscheinung war nicht dieselbe wie zu seinen Lebzeiten. Jesus lebt nun sozusagen auf neue Weise, mit seiner Auferstehung hat etwas anderes begonnen.

Aber auch wir mussten andere werden. Ich habe lange darüber nachgedacht, warum Jesus zu mir gesagt hat: „Halte mich nicht fest." Es passte gar nicht zu ihm, mich so zu kränken; denn natürlich wollte ich ihn umarmen, als ich ihn endlich wiedererkannt hatte. Wollte er meine Berührung nicht mehr? Später wurde mir klar, dass er mir damit eine Botschaft mit auf den Weg geben wollte: Wir, die wir seine Sache weitertragen und in seinem Namen ihn und Gottes Liebe verkünden sollten, wir sollten nicht in der Erinnerung und der Trauer stecken bleiben, sondern von neuem aufbrechen und in eigener Verantwortung auf die Menschen zugehen. Nur wo etwas Altes zu Ende gehen darf, kann etwas Neues beginnen. Aber das habe ich erst viel später verstanden.

Ich danke dir sehr für das Gespräch, Maria. Ich habe das Gefühl, Jesus jetzt viel besser zu kennen.

Hannah ist ganz aufgeregt, als sie über das Gespräch nachdenkt: Jesus selber zu begegnen, das wäre schon etwas! Da ist sie direkt ein bisschen neidisch auf Maria Magdalena. Sie hat zwar verstanden, dass es, wenn es um den Glauben geht, keinen entscheidenden Unterschied macht, ob man Jesus als Augenzeuge selbst erlebt hat oder eben nicht – glauben muss man in jedem Fall. Aber trotzdem: Jesus selber gesehen und gehört zu haben, muss großartig gewesen sein.

Hannah hält einige Gedanken fest:

- Jesus war ein Mensch, dessen Leben wir in Grundzügen kennen. Die Bezeichnung „Christus" ist ein Titel, der aus dem Glauben

heraus entstand, dass er nicht nur ein bedeutender Mensch, sondern auch Gottes Sohn und der Messias ist.

- Im Mittelpunkt der Botschaft Jesu steht das Reich Gottes, das mit ihm selber schon angebrochen ist. In dieses Reich gerufen sind alle, die sich ernsthaft für die Nachfolge Jesu entscheiden und bereit sind, ihr Leben zu verändern, das heißt vor allem Nächstenliebe zu üben.

- Der Glaube an die Auferstehung ist etwas ganz Wichtiges, aber wir können nicht wissen, was damals ganz genau geschah. Auf jeden Fall meint die Auferstehung Jesu Christi nicht einfach ein Weiterleben, sondern ein Leben auf neue Weise. Die ersten Christen stellte die Auferstehung vor die Aufgabe, die Botschaft Jesu weiterzutragen.

4. Kapitel:

Von der Sendung des Heiligen Geistes - Hannah trifft Petrus

*Kehrt um, und jeder von euch lasse sich auf
den Namen Jesu Christi taufen zur Vergebung
seiner Sünden; dann werdet ihr die Gabe
des Heiligen Geistes empfangen.
Denn euch und euren Kindern gilt
die Verheißung und all denen in der
Ferne, die der Herr, unser Gott,
herbeirufen wird.*
(PETRUS, APG 2.38-39)

Hannah grübelt immer noch darüber nach, ob die Zeitgenossen Jesu es nicht viel einfacher gehabt haben mit ihrem Glauben. Maria hat das zwar bestritten, aber Hannah ist sich nicht ganz schlüssig: Wenn ich jemanden kenne, dann kann ich doch viel eher beurteilen, was ich von ihm zu halten habe. Das ist doch etwas ganz anderes, als wenn ich glauben und akzeptieren muss, was mir andere über diese Person sagen. Sie wird richtig unsicher: Woher weiß ich überhaupt, ob etwas wahr und richtig ist? Es gibt so viele Religionen auf der Welt, es gibt Sekten und Gruppierungen und unzählige Gurus und alle behaupten, dass sie die Wahrheit verkünden – wie soll ich da beurteilen, wer Recht hat. Der, der am lautesten ruft, oder die, die am bestimmtesten auftritt, oder das, was mir am einfachsten erscheint, oder von allem ein bisschen?

Hannah findet das alles ziemlich kompliziert und legt erst mal eine Denkpause ein. In der Schule ist sowieso viel zu tun und nachmittags lockt das schöne Wetter sie nach draußen. Obwohl sie ja grundsätzlich ein sehr nachdenkliches Mädchen ist, fällt es ihr auch überhaupt nicht schwer, eine Zeit lang abzuschalten und – so gut es geht – einfach nichts zu denken.

Eines Morgens sitzt sie gerade im Erdkundeunterricht und hört den Erklärungen des Lehrers zu, als ihr Blick auf das vor ihr liegende Blatt fällt: Was ist das denn, da sind ja auf einmal lauter Zeichnungen von Tauben, so ähnlich wie die berühmte Friedenstaube von Picasso! Wo kommen die denn her? Hannah weiß, dass sie gerne ein bisschen herumkritzelt und die Vögelchen sind offensichtlich mit ihrem Bleistift gezeichnet. Na so was, da hat sie also, ganz ohne es zu merken, lauter kleine Tauben auf ihr Blatt gemalt.

Nun fängt sie doch an nachzudenken. Die Taube ist ein Symbol für den Frieden, aber auch noch für etwas anderes, nämlich für den

Heiligen Geist. Richtig, nach dem wollte sie sich doch erkundigen! Hatte Paulus nicht Pfingsten als den eigentlichen Anfangspunkt der Kirche bezeichnet? Und an Pfingsten war doch der Heilige Geist zu den Aposteln gekommen, der Geist, der sie erst zu überzeugten Missionaren gemacht hat, so dass sie allen Leuten von Jesus erzählen konnten. Der Geist, der sie von der Wahrheit überzeugt hat!

Hannah schaut zu Tanja hinüber, die gerade etwas auf einen Zettel kritzelt, während sie ein halbwegs interessiertes Gesicht zu machen versucht. Sie betrachtet ihre Freundin ganz genau: die blonden Haare mit dem flotten Kurzhaarschnitt, das energische Kinn und die Stupsnase mit dem Glitzerstein. Wochenlang hatte sich Hannah Tanjas Klagen über ihre rückständigen Eltern anhören müssen, die diesen wirklich klitzekleinen Glitzerstein in der Nase nicht erlauben wollten. Einmal hatte Tanjas Mutter sich sogar Hilfe suchend an Hannah gewandt, ob sie ihrer Tochter diesen Blödsinn mit dem Piercing – richtig eklig hatte das Wort bei Tanjas Mutter geklungen – nicht ausreden könne. Tanja, die hartnäckige Tanja! Hannah bewundert ihre Freundin für ihre Willenskraft, wenn sie wirklich etwas anstrebt. Tanja ist eine begabte Leichtathletin. Vierhundert Meter Hürden, das ist ihre Lieblingsdisziplin, auf der schlägt sie zurzeit fast jeden. Hannah erinnert sich an Tanjas Gesichtsausdruck nach dem letzten Wettkampf, zu dem sie sie begleitet hatte. Stolz und Freude hatten sich da abgezeichnet, einfach pure Freude. Hannah hatte sie fast ein wenig beneidet, nicht um den Sieg, sondern um diese Leidenschaft, die ihr solche Freude bereitet. Sie denkt: Tanja ist einfach eine begeisterte Läuferin. Und dann bleiben ihre Gedanken an diesem Wort hängen: begeistert. Genau – Tanja ist vom Laufen begeistert, der Geist des Laufens hat von ihr Besitz genommen. O.K., vielleicht sollte sie die Wortspie-

lerei nicht übertreiben, aber irgendwie hat das Wort „Geist" es Hannah angetan.

Sie wird den nächsten Gesprächsgutschein nutzen, um sich etwas über den Geist, natürlich den Heiligen Geist, erzählen zu lassen. Und wen könnte sie da fragen? Sofort fällt ihr Petrus ein, den Paulus den ersten Papst genannt hat. Der war von Anfang an dabei und hat Jesus ebenso miterlebt wie Pfingsten und den Beginn der Kirche. Den wird sie zum Chatten anwählen. Direkt nach der Schule setzt sie sich an ihren Computer.

Guten Tag, Petrus, mein Name ist Hannah und ich habe Gutscheine für ein Gespräch mit dir.

Ich weiß Bescheid. Was möchtest du denn wissen?

Ich möchte etwas über den Heiligen Geist erfahren. Ich habe mir gedacht, dass du als einer der ersten Apostel und als Leiter der ersten Gemeinde mir etwas über ihn erzählen kannst. Vorher würde ich aber gerne etwas von dir persönlich wissen.

Frag ruhig.

Stimmt es wirklich, dass du Jesus verraten hast? Du warst doch sein treuester Freund! Und du warst doch mutig, immerhin hast du im Garten Getsemani einem Soldaten, der Jesus gefangen nehmen wollte, ein Ohr abgeschlagen.

O nein, besonders mutig bin ich nie gewesen. Natürlich brauchten wir alle, die Jesus folgten, ein wenig Mut. Wer

lässt sonst schon einfach sein ganzes bisheriges Leben hinter sich, um etwas Neues zu wagen? Aber im Vergleich mit Paulus zum Beispiel, der trotz vieler Gefangenschaften und Misshandlungen nie seine missionarische Kraft verloren, sondern immer begeistert weitergearbeitet hat, bin ich eher zaghaft, auch wenn andere das nicht so sehen. Den Mut, den ich brauchte, um die Gemeinde zu leiten, den habe ich vom Heiligen Geist bekommen. Aber darüber sprechen wir ja noch.

Du musst bedenken, ich war ein einfacher Mann: Simon aus Kafarnaum, ein ganz gewöhnlicher Fischer am See Genesaret in Galiläa. Zusammen mit meinem Bruder Andreas bin ich zu Jesus gekommen und war sofort von ihm und seiner Botschaft begeistert. Ich wurde sein Jünger und sein Apostel, ohne großartig über die Konsequenzen nachzudenken. Ich glaubte ganz einfach, dass er der Messias war, der König und Befreier, den Gott meinem Volk seit langer Zeit verheißen hatte, und deshalb ging ich mit ihm.

Dass ich nicht wirklich mutig war, kannst du an der Geschichte vom Gang über das Wasser sehen. Du kennst sie, oder? Jesus kam uns auf dem See entgegengelaufen und ich wollte es auch probieren. In seiner Gegenwart schien mir so vieles plötzlich möglich, was eigentlich allen Naturgesetzen und der menschlichen Erfahrung widerspricht. Deswegen wollte ich es wagen, selbst aus dem Boot zu klettern und auf dem See zu gehen. Es funktionierte auch - aber nur so lange, bis ich Angst bekam. Natürlich ließ er mich nicht untergehen, natürlich hielt er mich, als meine eigene Kraft nicht reichte.

Warum Jesus ausgerechnet mich zum Leiter seiner Kirche berufen hat, weiß ich auch nicht. Aber ich bin seinem Auftrag gefolgt. „Du bist Petrus und auf diesen Felsen werde ich

47

meine Kirche bauen", so hat er zu mir gesagt. Der Beiname Petrus bedeutet nämlich „Felsen". Dass ich dieser Felsen sein sollte, machte mir viel eher Angst, denn ich hing sehr an Jesus und wollte mich von ihm einfach nur führen lassen. Als ich ahnte, dass er nach Jerusalem gehen und damit auch seinen Tod in Kauf nehmen würde, wollte ich ihn verzweifelt davon abhalten. Ich dachte, ich würde es nicht ertragen, nicht mehr bei ihm zu sein. Auch nicht gerade mutig, oder? Dass ich im Garten Getsemani den Soldaten mit dem Schwert entgegentreten wollte, war eher so etwas wie der Mut der Verzweiflung, aber nicht besonders klug. Richtiger Mut ist immer auch klug. Solche couragierte Entschlossenheit habe ich erst später durch den Heiligen Geist bekommen.

... womit wir wieder beim Geist wären! Weißt du, Petrus, ich kann mir den Geist so schwer vorstellen. Klar, man kennt Geister im Sinne von Gespenstern. Oder die Geister der Toten, die manche Menschen in schwarzen Messen zu beschwören versuchen. Dann ist da natürlich noch der Geist im Sinne von Inspiration oder Gestaltungskraft, die einem hilft, etwas zu erreichen oder sich für etwas einzusetzen. Aber das alles scheint mir wenig mit dem Geist Gottes zu tun zu haben. Wie kann ich mir den denn vorstellen? Und wie kann ich ihn spüren? Und was ist er überhaupt?

Das sind ja gleich drei Fragen auf einmal. Beginnen wir mal mit der letzten: Was ist der Heilige Geist? Ich weiß, dass ihr Menschen des 21. Jahrhunderts genaue Definitionen liebt. Entweder es genügt euch, dass etwas „irgendwie wohl so

ist", oder ihr wollt es ganz genau erklärt bekommen, fast in einem naturwissenschaftlichen Sinne. Wir damals haben etwas ausgedrückt und beschrieben, indem wir davon erzählt haben. Jedenfalls war das die hebräisch-jüdische Tradition. Paulus als griechisch gebildeter Jude war da schon wieder anders, der hat auch gerne und gut etwas definiert. Aber beim Heiligen Geist, da hätte auch er gepasst. Jeder vernünftige Mensch wird dir sagen, dass die Frage „Was ist der Heilige Geist?" nicht eindeutig zu beantworten ist.

Deswegen kann man aber trotzdem etwas darüber sagen, wie er zu verstehen ist, denn die Bibel erzählt oft von Gottes Geist und davon, wie Menschen ihn zu spüren bekommen.

Schon ganz am Anfang, vor der Erschaffung der Welt, beschreibt das Alte Testament, dass Gottes Geist „über dem Wasser schwebte". Das bedeutet also, dass er schon immer da war. Oder die Bibel erzählt, wie der Geist „in einem Menschen wohnt" oder „auf einem Menschen ruht" oder „über jemanden kommt". Gottes Geist ist also etwas - vielleicht sagen wir besser: jemand - der sich an die Menschen wendet, ihnen geschenkt wird und bei ihnen ist. Er hilft ihnen, die Wahrheit zu erkennen und sich für sie einzusetzen. Und das war schon immer so, nicht erst bei Jesus.

Trotzdem - wie stand Jesus zum Heiligen Geist?

Nun, natürlich war der Geist bei Jesus. Lies nur mal in deiner Bibel nach: Dort heißt es zum Beispiel bei der Taufe Jesu im Jordan, der Himmel habe sich geöffnet und der Geist sei wie eine Taube auf Jesus herabgekommen. Später erzählen die Evangelien, der Geist habe Jesus in die Wüste getrieben, du

weißt schon: damit er sich auf seine Mission vorbereiten konnte. Und noch später sei er dann erfüllt vom Heiligen Geist nach Galiläa zurückgekehrt. Gottes Geist war also bei Jesus - bestimmt viel stärker oder inniger als bei uns Jüngern. Aber auch uns hat Jesus damals schon den Geist Gottes versprochen für die Zeit, in der er nicht mehr bei uns sein würde. Er hat uns erzählt, wie der Geist uns an seine Worte erinnern und uns helfen würde, sie zu verstehen. Und er hat uns den Auftrag gegeben, die Menschen im Namen des Vaters und des Sohnes und des Heiligen Geistes zu taufen.

Und wann kam der Heilige Geist dann zu euch?

Ein wenig war er wohl schon immer bei uns gewesen, aber so richtig deutlich spürbar für alle - so, dass keine Zweifel mehr blieben - wurde er an Pfingsten. Damals war es noch das jüdische Pfingstfest, das fünfzig Tage nach dem Pessach-Fest, von dem du schon gehört hast, gefeiert wurde. Wir haben es später weiter Pfingstfest genannt. Es ist das eigentliche Geburtsfest der Kirche.

Warum? Jesus war doch da schon nicht mehr bei euch und ohne ihn hätte es wohl keine Kirche gegeben.

Das stimmt natürlich, aber ohne uns und ohne den Geist, der zu uns kam, eben auch nicht.

Du kannst dir vorstellen, dass wir nach der Hinrichtung unseres Herrn Jesus am Boden zerstört waren. Wir waren außerdem voller Angst, weil wir als seine Anhänger ja auch mit Verfolgung rechnen mussten. Auch als einige von uns dem

auferstandenen Jesus Christus begegnet waren, hatten wir keine Ahnung, wie es weitergehen sollte. Wir brauchten ganz dringend den Geist, den Jesus uns versprochen hatte.

Und dann war es soweit, du kannst es in der Apostelgeschichte nachlesen: Als wir Jünger an Pfingsten alle zusammensaßen, rauschte es vom Himmel her wie bei einem Sturm. Gleich darauf sahen wir so etwas wie Feuerzungen, die sich auf jedem von uns niederließen. Das Seltsamste aber war, dass wir auf einmal in allen Sprachen sprechen konnten. Das war eine unglaubliche Hilfe, denn zu der Zeit waren gerade viele Juden aus aller Welt in Jerusalem. Denen erzählten wir von Jesus Christus, unserem Herrn. Wir waren im wahrsten Sinne des Wortes be-geistert. Wahrscheinlich wirkten wir etwas sonderbar auf die Menschen, ein paar meinten nämlich, wir seien betrunken. Da stand ich auf und traute mich endlich, ihnen alles zu erklären: dass hier der Geist Gottes am Werk sei, den schon die Propheten angekündigt haben und der uns nun gesandt worden sei durch Jesus von Nazaret, den Gott von den Toten erweckt habe. Es muss wohl tatsächlich der Geist in mir wirksam gewesen sein, denn sehr viele Juden ließen sich nach dieser ersten Predigt von mir taufen und gehörten von da an zur Gemeinde.

Deswegen nenne ich Pfingsten das Geburtsfest der Kirche. Jesus ist der Herr der Kirche und die Kirche ist die Gemeinschaft derjenigen Menschen, die nach seinem Auftrag leben. Jedenfalls versuchen wir es: Wir erzählen von Jesus und verkünden seine Botschaft und wir feiern im Gottesdienst seine Gegenwart. Und das alles hat an Pfingsten begonnen.

Petrus, wenn du von der Kirche sprichst, dann benutzt du immer die Gegenwartsform, obwohl die Zeit eurer Kirche ja fast 2000 Jahre her ist. Hat das eine besondere Bedeutung?

Es ist mir zwar nicht aufgefallen, aber du hast Recht, wahrscheinlich möchte ich damit etwas ausdrücken. Die Kirche hat sich im Laufe ihrer zweitausendjährigen Geschichte sehr verändert, das ist sicher richtig. Aber der Grundgedanke der Kirche ist immer gleich geblieben. Sie ist entstanden als Gemeinschaft derer, die sich auf Jesus und seine Botschaft vom angebrochenen Reich Gottes berufen. Das tut sie bis heute. Die Kirche erzählt den Menschen von Gott, dem Vater, dem Sohn und dem Heiligen Geist. Bei uns damals war das enorm wichtig, weil es ein ganz neuer Gedanke war. Und bei euch heute kann es auch nicht schaden, wo so viele Menschen sich damit begnügen, an „irgendetwas" zu glauben. Noch etwas anderes gehörte schon immer zum Auftrag der Kirche und tut dies in eurer Zeit sicher nicht weniger: der Dienst am Nächsten. „Soziales Engagement" würdet ihr wohl heute sagen. Wenn die Kirche diesen Aufgaben, die ihren ganzen Sinn und ihr Wesen bedeuten, nicht mehr nachkommt, dann ist etwas faul an ihr und dann muss sie reformiert werden. Das muss aber jedes Zeitalter für sich selbst abwägen. Wir können nur darauf vertrauen, dass der Heilige Geist immer wieder aufs Neue kommt und der Kirche auf die Sprünge hilft.

Darf ich dich zum Schluss noch etwas fragen? Du weißt ja, ich will mich entscheiden, ob ich mich firmen lasse. Was hat der Heilige Geist nun mit der Firmung zu tun?

Du hast sicher schon gehört, dass man die Firmung das „Sakrament des Erwachsenseins" nennt, einfach deshalb, weil sich der Christ hier zum ersten Mal selber für Christus und die Kirche entscheidet. Ebenso kann man die Firmung aber auch „Sakrament des Heiligen Geistes" nennen, weil in ihm in ganz besonderer Weise der Heilige Geist auf den Firmling herabkommt. So wie der Heilige Geist die Kirche eint und leitet, so schenkt er auch dem Einzelnen das, was er braucht, damit sein Leben gelingt.

Verstehe ich das richtig: Obwohl der Geist Gottes grundsätzlich sowieso bei uns Menschen ist, kommt er in der Firmung einmal ganz besonders zu uns?

So könnte man es sagen, das hat einfach etwas mit der Eigenart von Sakramenten zu tun.

Vielen Dank für das Gespräch, Petrus. Es war interessant, etwas über den Heiligen Geist zu erfahren, denn ehrlich gesagt habe ich bisher nicht viel über ihn nachgedacht und auch im Religionsunterricht und im Gottesdienst hört man nur wenig von ihm.

Das liegt vielleicht daran, dass man ihn sich so schlecht vorstellen und beschreiben kann. Erst als wir ersten Jünger ihn damals an Pfingsten richtig erfahren haben, konnten wir Bilder für den Heiligen Geist finden und ihn so etwas besser verstehen.

53

Es stimmt: Hannah weiß natürlich, dass die Christen an den drei-
faltigen Gott glauben und dass der Heilige Geist eine Person dieser
Dreifaltigkeit ist. Aber während Gott-Vater ihr immerhin gut vorstellbar und Jesus, der Gott-Sohn, sogar sehr vertraut ist, konnte sie
mit dem Geist bisher wenig anfangen; er war ihr einfach zu
abstrakt. Jetzt könnte sich das vielleicht ändern, denn nach dem
Gespräch mit Petrus fängt sie richtig an zu wünschen, der Geist
möge auch in ihr wirken. Sie stellt sich vor, wie das wohl wäre. Ob
sie es überhaupt bemerken würde? Petrus hat ja gesagt, dass man es
ganz bestimmt merkt. Sie wird weiter darüber nachdenken.
Zunächst hält sie wieder einige Punkte fest, die sie sich merken
möchte:

- Den Geist gab es schon immer; er ist eine Gabe Gottes an den
  Menschen.
- Jesus hat seinen Jüngern den Geist zugesagt für die Zeit, in der
  er nicht mehr bei ihnen sein würde.
- An Pfingsten kam der Heilige Geist zu den Jüngern und
  schenkte ihnen zwei Dinge: Mut und die Fähigkeit, in alle Welt
  hinauszugehen und den Menschen die Botschaft von Jesus
  Christus zu erzählen.
- Pfingsten kann man das Geburtsfest der Kirche nennen.
- Die Firmung ist das Sakrament, in dem der Heilige Geist dem
  Menschen in besonderer Weise zugesagt wird.

5. Kapitel:

Von der Firmung als Sakrament – Hannah trifft Teresa von Avila

Solo Dios basta!

*(d.h. „Gott allein genügt";
Teresa von Avila trug einen Zettel
mit diesem Satz in ihrem
Brevier mit sich)*

Nach dem Gespräch mit Petrus muss Hannah nicht lange überlegen, in welcher Richtung sie sich weiter informieren möchte. Sie hat verstanden, dass die Firmung das Sakrament ist, in dem der Heilige Geist dem einzelnen Christen am unmittelbarsten geschenkt wird. Petrus hat aber auch von der Eigenart von Sakramenten an sich gesprochen und Hannah ist aufgefallen, dass sie eigentlich gar nicht genau weiß, was ein Sakrament ist. Natürlich hat sie im Religionsunterricht gelernt, welche Sakramente es gibt, aber ihren Sinn würde sie jetzt gerne besser verstehen.

Sie erinnert sich dunkel, dass Sakramente etwas mit Zeichen zu tun haben und mit Symbolen. Und dann fällt ihr Tante Emma ein, mit der sie so gut über alles reden kann und die ganz anders ist als die Frauen, die sie sonst kennt. Tante Emma kann besonders schöne Geschenke machen, weil sie sich feinfühlig in andere hineinversetzen kann. Ihrem letzten Geschenk hat Hannah ja die ganzen interessanten Gespräche zu verdanken, die sie zurzeit führt. Emma hatte damals einfach gesagt: „Kinder, ich schenke euch den Internetanschluss. Wenn ihr schon einen Computer habt, dann müsst ihr auch alle seine Möglichkeiten nutzen können." Sowohl Christian, Hannahs achtzehnjähriger Bruder, als auch sie selbst hatten sich so gefreut, dass sie ihrer Tante um den Hals gefallen waren.

Jetzt erinnert sich Hannah an ein anderes Geschenk von Tante Emma. Es ist ungefähr zwei Jahre her und Hannah ging es gar nicht gut. In der Schule klappte nichts und mit den Eltern gab es viel Ärger. Dauernd wollten die wissen, wo sie hinging oder wie es in der Schule war oder ob sie schon die Hausaufgaben gemacht hätte. Hannah war damals sehr unfreundlich, eigentlich richtig unerträglich unfreundlich, das wusste sie auch, aber sie konnte irgendwie nicht anders. Sie verstand sich selber nicht. Und dann sagte ihre Mutter eines Mittags: „Hannah, ich habe die Nase voll von deinem

Herumnörgeln, sobald ich nur die kleinste Frage stelle. Ich nehme an, es ist die Pubertät, aber das ist mir jetzt völlig egal. Ab sofort lasse ich dich in Ruhe und frage dich überhaupt nichts mehr. Hoffentlich ist es das, was du willst." Leider war es überhaupt nicht das, was Hannah wollte. Sie wollte einerseits zwar schon in Ruhe gelassen werden, andererseits wollte sie aber auch erzählen. Sie wollte, dass sich die anderen für sie interessieren, ihr aber ja nicht zu nahe kommen. Klar, dass sie in dieser Phase damals schwierig war. Jedenfalls war die Sprachlosigkeit jetzt noch schlimmer und Hannah litt heftig, ohne es zeigen zu wollen.

An einem Maiwochenende war dann Tante Emma zu Besuch gekommen und sie brachte ihr ein Geschenk mit: ein kleines Holzkästchen. Als Hannah es öffnete, fand sie ein in weiße Watte eingebettetes, knallrotes Glasherz. Sie fand es unglaublich kitschig und wunderte sich, weil Tante Emma sonst doch immer einen so guten Geschmack hatte. „Danke", brummte sie und ließ das Kästchen in ihrer Schreibtischschublade verschwinden. „Moment", hatte ihre Tante gesagt, „ich möchte dir dazu noch etwas sagen. Ich möchte dir sagen, dass ich dich sehr mag und dass ich dich lieb habe." Oje, dachte Hannah, das wird ja immer schlimmer. Wie peinlich! Und sie hatte nur noch ein „Weiß ich doch!" genuschelt und war aus dem Zimmer gegangen.

Das Ganze war ihr wirklich sehr peinlich gewesen und sie war sich sicher, dass sie dieses kitschige Herz nie aus der Schublade herausholen würde. Aber schon nach einer Woche war es passiert: Als sie gerade mal wieder besonders traurig war, ertappte sie sich dabei, dass sie gedankenverloren das Kästchen öffnete und das Herz streichelte und in der Hand hielt. Sie fand sich zwar schrecklich sentimental, aber hinterher ging es ihr besser. Und so holte sie das Kästchen in der nächsten Zeit immer wieder einmal hervor.

Erst ein halbes Jahr später, als sie schon wieder viel besser drauf war und die Mutter längst wieder ihre alte Fragerei aufgenommen hatte, erzählte sie Tante Emma davon. „Ich habe mir gedacht, dass du so ein Zeichen gut gebrauchen könntest", hatte die geantwortet. „Es ist doch ein Unterschied, ob ich etwas grundsätzlich weiß oder ob ich für dieses Wissen ein Zeichen in den Händen halten kann. So ist es mit vielen Symbolen." – „Aber warum hast du dazu auch noch gesagt, dass du mich magst und sogar lieb hast. Ich fand das so peinlich und so kitschig! Das Herz hätte doch genügt", traute sich Hannah zu fragen. – „Worte haben manchmal etwas Peinliches, weil sie uns berühren und wir ja nicht gerne zugeben, wenn uns etwas nahe geht. Jeder gibt sich lieber ‚cool', wie ihr heute sagt. Ich glaube aber, dass Worte wichtig sind. Das Herz allein hätte dich vielleicht schon an mich erinnert und daran, dass ich deine Freundin bin. Aber die Worte, die es begleiten sollten, haben etwas verändert in unserer Beziehung. Denke ich mir jedenfalls."

So war das mit Tante Emmas Geschenk, als es Hannah nicht gut ging. Da war ein Zeichen und ein Wort und beides zusammen hat – irgendwie – geholfen.

Hannah weiß ziemlich rasch, wen sie zu den Sakramenten befragen könnte. Vor einiger Zeit hat sie ein Referat über Teresa von Avila geschrieben und sie war von dieser Frau ziemlich beeindruckt gewesen. Teresa war nämlich eine Mystikerin, das heißt, sie hatte Gott auf eine Weise erfahren, die weit über die normalen menschlichen Sinnes- und Verstandesmöglichkeiten hinausgeht. Gleichzeitig aber war sie eine sehr praktische und vernünftige Frau. Sie würde Hannah bestimmt etwas über Sakramente erzählen können, die ja auch ein bisschen mystisch sind und doch viel mit dem alltäglichen Leben zu tun haben.

Gespannt setzt sich Hannah an den Computer und während sie den Namen „Teresa von Avila" in die Suchmaschine eingibt, überlegt sie, wo sie das Gespräch beginnen könnte.

Guten Tag, Teresa von Avila. Ich habe einen Gesprächsgutschein und würde Sie gerne etwas fragen über das Sakrament der Firmung. Oder darf ich „du" sagen?

Gerne, wir sind doch Schwestern in Christus. Im Übrigen weiß ich über dein Anliegen Bescheid und stehe dir gerne zur Verfügung, so weit ich kann. Mich würde aber interessieren, warum du gerade auf mich gekommen bist. Denn wenn ich mich recht erinnere, habe ich nie ausdrücklich über eines der Sakramente, also auch nicht über die Firmung geschrieben. Ich bin also keine Expertin auf diesem Gebiet.

Ich habe mich für ein Referat in der Schule über dich informiert und ein wenig in deiner Autobiografie gelesen. Offen gesagt ist mir das Leben einer Nonne im 16. Jahrhundert zwar fremd und manche deiner Beschreibungen des Gebets und des religiösen Lebens kommen mir seltsam vor. Aber es hat mich beeindruckt, wie nüchtern du deine mystischen Erlebnisse schilderst und wie praktisch du die alltäglichen Probleme in den Klöstern gelöst hast. Sakramente kommen mir auch sehr mystisch vor, deswegen dachte ich, dass eine auch praktisch begabte Mystikerin mir etwas über die Sakramente erklären könnte.

Ich will es versuchen, aber ich bin nicht sehr begabt im Erklären. Meine Schriften habe ich alle auf Geheiß meines

Beichtvaters Johannes vom Kreuz verfasst und das ist mir nicht gerade leicht gefallen.

Vielleicht erzähle ich erst einmal ein bisschen von mir, damit du das, was ich dir dann zu den Sakramenten erkläre, besser einordnen kannst. Man hat mich zwar in deinem Jahrhundert zur Kirchenlehrerin erhoben, aber als Lehrerin fühle ich mich eigentlich nicht. Ich möchte nur meine Erfahrung und das Wissen, das der Heilige Geist mich über unseren Herrn Jesus lehrte, weitergeben.

Geboren wurde ich 1515 in Avila in Kastilien, das liegt in Zentralspanien. Mein großes Lebenswerk, so sagt man jedenfalls von mir, ist die Reform des Karmeliterordens. Das kam daher, dass es zu der Zeit, als ich dort eintrat, gar kein echtes Klosterleben gab. Die Damen der feinen Gesellschaft legten zwar ihre Ordengelübde ab, führten aber ihr angenehmes Leben in Saus und Braus weiter, gingen aus und empfingen Gäste. Diese Zustände waren in meinen Augen eine Beleidigung Gottes und so sah ich meine Aufgabe darin, den Orden zu einem strengen klösterlichen Leben zurückzuführen. Ich setzte eine neue Ordensregel durch und gründete neue Klöster. Das alles war in der damaligen Zeit - zumal für mich als Frau - nicht einfach und mehr als einmal bekam ich es mit der Inquisition zu tun und wurde unangenehmen Befragungen ausgesetzt. Aber zusammen mit meinem Freund und Beichtvater Johannes vom Kreuz erreichte ich am Ende tatsächlich die Reform. Wir hofften, dass ein Klosterleben, das sich kompromisslos in den Dienst des Herrn stellt, auch positive Auswirkungen auf die ganze katholische Kirche haben würde.

Bis zu diesem Ringen um den Karmeliterorden und um die Kirche war es aber ein weiter Weg. Ich war ein frommes Kind,

betete viel und las gerne Heiligengeschichten. Auf der anderen Seite liebte ich schöne Kleider, Klatsch und Tratsch und las gerne Ritterromane, was damals als sehr anstößig galt. Als ich später ins Internat zu den Augustinerinnen kam - das sind Klosterfrauen, die der Ordensregel des Heiligen Augustinus folgen -, meldete sich mein Gewissen wegen dieser schlechten Gewohnheiten und als ich mich entschied in den Karmeliterorden einzutreten, tat ich das wohl vor allem als Buße. Heute schäme ich mich dafür. Ich weiß jetzt, dass wir aus Freude und aus Liebe in einen Orden gehen sollten, sonst sind wir nicht dazu berufen. Aber damals war ich jung und musste noch viel lernen.

Erzählst du mir etwas über deine mystischen Erlebnisse? Du giltst doch als eine der größten Mystikerinnen der Kirche. Das macht mich natürlich neugierig.

Über meine mystischen Erlebnisse spreche ich nicht gerne, wie gesagt habe ich sie nur auf Verlangen meines Beichtvaters aufgeschrieben. Ich spreche auch deshalb nicht gerne darüber, weil es Wichtigeres im Leben eines Christen gibt. Aber es stimmt, ich habe solche Erlebnisse gehabt, nämlich Visionen, in denen ich vor meinem geistigen Auge Erscheinungen hatte, Auditionen, bei denen ich Botschaften hörte, und sogar Elevationen, während derer mein Körper frei im Raum schwebte. Das alles war mir nie angenehm, es brachte mich eher durcheinander und verunsicherte mich. Sicher bejahte ich es als eine Gnade des Herrn, aber ich musste lernen, dass solche Erlebnisse nicht dafür da sind, um den Menschen aus diesem Leben in himmlische Sphären zu entführen. Vielmehr

61

wollen sie ihn gerade hierher zu seinen Aufgaben zurück-
führen. Wir Christen brauchen das Gebet und wir sollten uns
ständig darin üben. Wenn Gott uns in seiner Gnade einen
Moment seiner unmittelbaren Gegenwart schenkt, dann tut
er das ganz frei und genauso frei sollten wir dieses Geschenk
annehmen. Etwas Besonderes sind wir deswegen noch lange
nicht. Und wir sollten erst einmal ruhig zu unserer täglichen
Arbeit zurückkehren.

Weißt du, damals waren mystische Erlebnisse sehr modern
und galten als schick und in meiner Zeit als Ordensoberin
kamen oft junge Nonnen zu mir und berichteten von ihren
Visionen. Dabei sahen sie immer noch ganz verzückt aus. An
den Schatten um die Augen und an ihren Wangenknochen
konnte ich aber erkennen, dass sie eine lange Fastenzeit hinter sich hatten. Und so schickte ich sie erst einmal in die
Küche für eine kräftige Mahlzeit. Zeit meines Lebens war ich
immer sehr misstrauisch gegenüber solchen Erlebnissen, denn
Hunger und Rauschmittel können einen Menschen in ver-
gleichbare Zustände bringen.

Heutzutage ist viel von Magie die Rede. Kannst du mir den
Unterschied zwischen Magie und Mystik erklären?

Das Wort Mystik beinhaltet das Wort „Mysterium" und das
bedeutet „Geheimnis". Solch ein Geheimnis ist die mystische
Gottesbegegnung allemal. Vielleicht kann man es so erklären:
Neben anderen Möglichkeiten Gott zu begegnen - zum Beispiel im Mitmenschen oder in der Eucharistiefeier oder im
Gebet - gibt es eben auch die mystische Begegnung, die viel
direkter und deutlicher ist. Der Mensch hat das Gefühl, dass

Gott selber anwesend ist, in einem Bild etwa oder in einem Wort. Beschreiben kann man es eigentlich nicht genauer.

In allen Religionen gibt es Mystiker, meistens Menschen, die sehr zurückgezogen in Gebet und Meditation leben. Alle großen Mystiker haben immer wieder betont, dass der Mensch das mystische Erlebnis niemals selber von sich aus herbeiführen kann, sondern es wird von Gott geschenkt. Wie oft habe ich, wenn ich Gott lange nicht mehr gespürt hatte, ihn gebeten, sich mir wieder zu zeigen! Meistens hat er es nicht getan. Da wird man ganz demütig.

Magie ist etwas völlig Anderes. Ich weiß, auch bei euch „modernen" Menschen gibt es magische Zirkel oder Menschen, die sich als Magier bezeichnen. Das gab es zu allen Zeiten und auch mir hat man ja anfangs vorgeworfen, mit dem Teufel im Bunde zu sein. In dem Wort Magie steckt das Wort „manus", das bedeutet „Hand". Und da haben wir auch schon die Grundidee der Magie: Es geht darum, die geheimnisvollen Dinge oder auch gleich unser ganzes Schicksal durch bestimmte Handlungen selber in die Hand zu nehmen. Wirklich gläubige Menschen können mit Magie nichts anfangen, weil sie wissen, dass Gott allein das Leben in der Hand hält. Die Welt, die unser Gott geschaffen hat, ist mitnichten von vielen kleinen Geistern beseelt, auf die man Einfluss nehmen könnte.

Kann man sagen, dass Sakramente auch etwas Mystisches sind?

Da muss ich nachdenken. ... Nein, so direkt sicher nicht. Aber vielleicht hast du Recht, wenn man den Begriff des Mystischen etwas weiter fasst. In der mystischen Erfahrung spürt

der Mensch besonders intensiv die Nähe Gottes. Und im Sakrament, könnte man sagen, passiert etwas Ähnliches. Hier wie dort berühren sich Himmel und Erde. Auf keinen Fall sind Sakramente aber eine Form von Magie, es geht eben nicht um Einflüsse auf eine Zauberwelt oder um Machtausübung.

Worum geht es denn beim Sakrament?

Nun, das Wort „Sakrament" stammt aus dem Lateinischen und bedeutet zunächst ganz einfach „Heiliges". Ich denke, man könnte die Sakramente gut als „wirkende Zeichen" beschreiben. Sie finden sich an wichtigen Lebensstationen und deuten diese: Geburt und Tod, der Eintritt in das Erwachsensein, Schuld und Versöhnung, die Entscheidung für einen Lebenspartner oder einen besonderen Dienst - das alles sind Zeiten, in denen Menschen nach dem Sinn fragen und in denen sie Orientierung suchen. Sakramente deuten solche Situationen aus dem Glauben heraus. Sie erklären, dass Gott hier und jetzt den Menschen ruft und bei ihm ist. Sie wollen deutlich machen, dass Gott mit seiner Liebe den Menschen begleitet. Dazu gehört immer ein Symbol und ein Wort, das von demjenigen, der das Sakrament spendet, gesprochen wird.

Du weißt sicher, dass es in der katholischen Kirche sieben Sakramente gibt. Dabei ist die Zahl Sieben selbst schon symbolisch, denn Sieben ist die klassische Heilszahl, die sich aus der heiligen Zahl Vier für die Erde und der Drei für den Himmel zusammensetzt.

Am Beginn des Lebens steht das Sakrament der Taufe, bei der das Kind mit Wasser getauft und mit Chrisam, einem Weiheöl, gesalbt wird und in die Gemeinschaft der Kirche aufge-

nommen wird. In der Eucharistiefeier empfangen wir Jesus Christus selbst und wenn wir das zum ersten Mal tun, feiern wir das Sakrament der Ersten Heiligen Kommunion. Im Sakrament der Buße wird den Menschen Vergebung geschenkt und damit die zutiefst wichtige Erfahrung, dass Schuld und Versagen überwunden werden können. Die Firmung ist das Sakrament, in dem der Heilige Geist geschenkt und der Eintritt ins Erwachsenenalter gefeiert wird. Bei der Eheschließung spenden sich die Ehepartner das Sakrament sogar gegenseitig selber und erhalten das Versprechen, dass Gott und die Kirche ihnen segnend zur Seite stehen werden. Bei der Priesterweihe wird der Ruf zu einem besonderen Dienst in der Kirche angenommen und die Krankensalbung leistet Beistand, wenn ein Christ von Krankheit oder sogar Tod bedroht wird.

Soweit kann ich dir folgen. Was ich aber noch nicht richtig verstanden habe, ist der Ausdruck vom „wirkenden Zeichen".

Wie könnte ich es dir noch besser erklären? Am besten komme ich noch einmal auf das schöne Bild von Himmel und Erde zurück, die sich berühren.

Ja, im Sakrament berühren sich Himmel und Erde. Wir Christen glauben an einen Gott, der grundsätzlich von der Welt getrennt ist; er ist nicht Teil dieser Welt und er kann vom Menschen nicht erkannt und festgehalten werden. Andererseits ist er ein Gott, der sich aus völlig freiem Willen den Menschen mitteilt - er offenbart sich, sagen wir. Und weil er das tut, darum können wir ihn uns nicht nur als Denkspiel vorstellen, sondern wir können ihn auch ganz konkret erfahren.

Genau in solcher Gotteserfahrung aber berühren sich eben Himmel und Erde. Ganz besonders geschah dies in Jesus Christus, der für uns Christen ja Gott und Mensch zugleich ist. In ihm vereint sich Göttliches und Menschliches und darum nennt man Jesus Christus auch manchmal das „Ursakrament". Von ihm gehen die Sakramente aus.

Wenn sich im Sakrament Himmel und Erde berühren, dann vertröstet ein Sakrament nicht einfach nur auf eine weit entfernte himmlische Wirklichkeit, sondern es geschieht auch etwas in unserer irdischen Wirklichkeit. Es wird etwas Wirkliches in Gang gesetzt. Ich möchte dir das gerne am konkreten Beispiel des Ehesakraments erklären. Wenn zwei Menschen sich lieben und sich entschließen, mit dem Segen Gottes zu heiraten, dann erweitern sie ihre Liebesgemeinschaft sozusagen um eine himmlische Dimension. Sie versprechen sich etwas, was eigentlich über die menschlichen Möglichkeiten hinausgeht, nämlich lebenslange Treue. Solche Treue verspricht uns sonst nur Gott. Dieses gegenseitige Treueversprechen ist beim Ehesakrament das symbolische Wort. Dann tauschen die Ehepartner die Ringe aus. Diese Ringe sind das symbolische Zeichen. Und mit diesem Wort und diesem Zeichen beginnt etwas Neues für das Liebespaar. Das Zeichen bewirkt eine neue Qualität, eine neue Dimension in ihrer Beziehung.

Ich weiß, dass deine Zeitgenossen manchmal fragen, was so ein bloßes Papier wie der Trauschein denn an einer Beziehung ändern soll. Meiner Ansicht nach geht es gerade um diese himmlische Dimension, die nicht mit dem Stück Papier, wohl aber mit dem Sakrament dazukommt. Ganz theologisch gesagt ist die Liebe der Ehepartner ein Abbild der Liebe Gottes zu uns Menschen.

Oje, das hört sich jetzt aber arg idealistisch an. Was ist mit den vielen Ehescheidungen? Was ist mit den Menschen, die sich wirklich bemühen, miteinander auszukommen, bei denen das aber einfach nicht klappt? Was ist mit der Erkenntnis der Psychologie, dass Partnerschaften viel länger halten, wenn man sie nicht mit zu großen Erwartungen und zu vielen Idealen überfrachtet?

Schließen sich denn Ideal und realistische Betrachtung gleich aus? Glaub mir, Hannah: Niemand kennt die Schwächen der Menschen besser als unser Herr Jesus Christus. Aber er hat uns auch gezeigt, dass Gott uns mehr zutraut als wir uns oft selbst. Und er hat uns klar gemacht, dass es besser ist, etwas Gutes zu versuchen, als von vornherein mutlos zu denken, dass wir es sowieso nicht schaffen. Wir müssen nur überlegen, wie wir es verkraften, wenn wir einmal scheitern. Aber wir kommen vom Thema ab. Wir wollten ja über das Sakrament der Firmung sprechen.

Ja, du hast Recht. Ich habe da ein paar konkrete Fragen. Was bedeutet das Wort „Firmung" überhaupt?

Das Wort kommt vom lateinischen „firmus" und bedeutet „fest". „Firmen" könnte man also übersetzen mit „fest im Glauben machen" oder noch freier mit „stärken". Der Heilige Geist stärkt den Firmling, damit der den Glauben bezeugen und weitergeben kann. Im Sakrament der Firmung sagt Gott dem Einzelnen ganz deutlich die Hilfe des Heiligen Geistes zu.

Und wer spendet das Sakrament der Firmung?

67

Grundsätzlich tut das der Bischof - meistens ist es übrigens ein Weihbischof. Die Aufgabe kann aber auch an einen einfachen Priester übertragen werden.

Wie alt sollte man bei der Firmung sein?

Da gibt es wohl keine allgemein gültige Antwort, denn junge Menschen werden in unterschiedlichem Alter reif und mündig, also erwachsen. Und an der Schwelle zum Erwachsensein sollte man schon stehen, finde ich. Ihr seid doch heute mit vierzehn Jahren „religionsmündig", d.h. vom staatlichen Gesetz her dürft ihr selber entscheiden, zu welcher Religion ihr gehören und ob ihr am Religionsunterricht teilnehmen wollt. Wenn du mich fragst: Vierzehn sollte man also schon sein bei der wichtigen Entscheidung, ob man durch die Firmung zur katholischen Kirche gehören möchte. Vielleicht wäre ein späterer Zeitpunkt aber noch sinnvoller.

Aber davon abgesehen: Gültig ist die Firmung in jedem Alter. Die einzige Voraussetzung ist, dass man getauft ist.

Wie wird die Firmung gespendet? Du hast erklärt, dass zum Sakrament das Wort und das Zeichen gehören.

Zunächst kommen zwei Zeichenhandlungen, nämlich die Handauflegung und die Salbung mit Chrisam, das ist eine Mischung aus Balsam und Olivenöl.

Die Handauflegung gab es schon in biblischen Zeiten. Zum Beispiel hat Jesus oft durch Handauflegung Kranke geheilt. Und er hat die Kinder gesegnet, indem er ihnen die Hände aufgelegt hat. Später haben die Apostel durch Handauflegung

Ämter übertragen und den Heiligen Geist übermittelt. Das ist schon dieselbe Zeichenhandlung wie bei der Firmung heute.

Die Salbung mit Chrisam ist erst im 3. Jahrhundert dazugekommen, aber auch hier gibt es biblische Vorbilder. Im alten Israel, das heißt in Israel vor Jesus Christus, wurden Könige und Priester gesalbt und Christus bedeutet ja auch „der Gesalbte". Wenn der Bischof mit Chrisam ein Kreuz auf die Stirn des Firmlings zeichnet, dann zeigt das die enge Verbindung dieses Menschen mit Jesus Christus im Heiligen Geist.

Dann spricht der Bischof das Wort. Er nennt den Firmling beim Vornamen und sagt: „Sei besiegelt durch die Gabe Gottes, den Heiligen Geist."

Das finde ich wirklich schön. Damit wird ja ausdrücklich gesagt, dass Gott uns den Heiligen Geist zum Geschenk macht. Ich danke dir, Teresa, für deine Erklärungen zur Firmung. Ich habe vieles jetzt erst richtig verstanden und finde übrigens, dass du eine klasse Lehrerin bist! Du brauchst gar nicht so bescheiden zu sein. Dein Beichtvater wusste schon, warum er dich dazu gedrängt hat, deine Erlebnisse und Erfahrungen aufzuschreiben.

Ich danke dir auch, Hannah, und ich wünsche dir alles Gute und Gottes Segen für deine Zukunft.

Hannah ist schwer beeindruckt von dieser Frau: Was die alles auf die Beine gestellt hat vor gut 450 Jahren! Und wie gut sie wichtige und komplizierte Glaubensfragen erklären kann. Und ist dabei so bescheiden geblieben! Ob das daran liegt, dass sie sich als Frau

eher unwohl in der Rolle der Ordensreformerin und der Kirchenlehrerin gefühlt hat? Oder ob wirklich große Menschen immer auch ein bisschen bescheiden sind? Darüber denkt Hannah nach, als sie abends ihre Notizen macht und festhält, was sie über die Firmung als Sakrament erfahren hat.

- Weil Jesus Christus Gott und Mensch gleichzeitig ist, bezeichnen wir ihn als „Ursakrament", von dem alle anderen Sakramente ausgehen.
- Sakramente sind wirksame Zeichen, die das, was sie als Sinnbilder bezeichnen, auch tatsächlich in Gang setzen. Sie schaffen etwas „Wirkliches".
- Sakramente finden sich an Wendepunkten des Lebens und deuten diese auf einem religiösen Hintergrund, das heißt sie beziehen Gott in diese Lebenssituation mit ein.
- Die Firmung ist das Sakrament, in dem in besonderer Weise der Heilige Geist geschenkt wird, damit der Christ die Sache Jesu Christi be-geistert weitergeben kann.
- Die Firmung ist auch das Sakrament des Erwachsenseins, denn jetzt entscheidet der Firmling zum ersten Mal selber, ob er zu dieser Kirche gehören möchte.
- Die Firmung wird meistens vom Bischof gespendet: Er legt dem Firmling die Hände auf, zeichnet mit Chrisam ein Kreuz auf seine Stirn, nennt ihn bei seinem Namen und sagt ihm den Heiligen Geist zu.

6. Kapitel:

Vom Erwachsensein –
Hannah trifft
Oscar Romero

Einer muss den Anfang machen und ein Zeichen
wagen. Einer muss den Leuten zeigen:
Es kann nicht mehr so weitergehn!
Einer muss den Mächtigen endlich einmal
sagen, dass wir, wie Jesus, auf der Seite
der Armen stehn.

(aus dem Musical „Oscar Romero –
eine moderne Passion" von Rainer Steib)

Vom Erwachsensein hat Hannah bisher nicht viel gehalten, das hat noch etwas Zeit, findet sie.

Klar, mit sieben oder so, da war das noch anders: Immer wenn sie um acht Uhr ins Bett sollte oder wenn ein Eis viel zu kalt für ihren Bauch gewesen wäre oder das Bonbon vor dem Mittagessen schlecht für den Appetit, dann wäre sie schrecklich gerne „endlich groß" gewesen, wie sie damals immer sagte. Dabei stampfte sie zur Bekräftigung heftig mit dem Fuß auf oder warf sich, wenn die Enttäuschung und die Wut zu mächtig waren, auch schon mal auf den Boden. Dass „Große" im Allgemeinen nicht mehr mit dem Fuß stampfen und vernünftigerweise manchmal früher ins Bett gehen, als sie eigentlich wollen, daran hatte die siebenjährige Hannah natürlich nicht gedacht.

Inzwischen hat sie, wie sie glaubt, einen guten Einblick in das Erwachsenenleben: arbeiten, auch wenn man keine Lust hat; putzen und kochen, auch wenn man lieber lesen würde; Geldsorgen, Ärger am Arbeitsplatz, Verantwortung für sich und die Kinder, wenn man welche hat. Hannah fragt sich manchmal, wo denn da der Spaß am Leben bleibt. Da lebt es sich doch leichter, wenn man nicht so viel mitbedenken muss, auch mal Fünfe grad sein lassen kann und nichts wirklich Wichtiges entscheiden muss, weil noch alles vor einem liegt. So kann man wenigstens ein bisschen Spaß haben.

Da fällt Hannah allerdings der „Amüsier-Tag" ihrer Eltern ein und es kommen ihr doch ein paar Zweifel an ihrer Theorie von der Last des Erwachsenenlebens. Dieser „Amüsier-Tag" findet einmal im Monat statt und ist den Eltern heilig, da gehen sie aus, allein natürlich, manchmal sogar den ganzen Tag, und tun nur, worauf sie Lust haben: spazieren gehen, schwimmen, Museen oder das Kino besuchen. Der Vater sitzt dann schon vergnügt am Frühstückstisch

und die Mutter hat ein schönes Kleid an. Einmal hatte Hannah ihre Mutter nach diesem „Amüsier-Tag" gefragt. „Weißt du", hatte die Mutter gesagt, „Papa und ich, wir haben uns riesig gefreut, als Christian und du geboren wurdet. Aber wir hatten auch ein bisschen Angst, dass wir überhaupt keine Zeit mehr für uns haben könnten. Da hat mich dein Vater mit einem Vertrag überrascht: Ein Tag im Monat sollte zukünftig nur uns gehören und den legen wir jeweils für den kommenden Monat fest. Auch wenn es dann am Ende nur der Abend wird, an dem wir ausgehen – wir freuen uns schon Tage vorher darauf. Mag sein, dass dir das wenig spontan vorkommt, aber ein guter Teil Organisation gehört eben dazu, wenn man eine Familie hat." Vielleicht haben ihre Eltern nicht so ausgiebig und viel Spaß wie junge Leute, denkt Hannah, aber Freude am Leben haben sie allemal!

Vor drei Monaten ist Hannahs Bruder achtzehn geworden – und hat sich gefreut wie verrückt! Normalerweise neigen ältere Brüder ja nicht gerade dazu, besonders viel von ihren Gefühlen preiszugeben. Als Christian zum Beispiel seine erste Freundin hatte, da hat Hannah das nur durch Zufall herausbekommen. Aber dieser Geburtstag war für ihn so wichtig, dass er schon Wochen vorher über nichts anderes mehr reden wollte. Hannah konnte das nicht verstehen: Der darf doch schon alles, warum will er nun auch noch unbedingt achtzehn werden. „Volljährig, wie das schon klingt!", hatte sie gefrotzelt. „Das hört sich ja an wie ‚vollkommen' und wer will das schon sein, oder wie ‚Nase voll' – auch nicht gerade verlockend!" – „Bist ja nur neidisch", hatte Christian pariert und gelacht. „Auto fahren, Geschäfte abschließen, wählen – darauf musst du noch lange warten. Außerdem ist es ein prima Gefühl. Echt cool, würde ich sagen, wenn ich noch vierzehn wäre." Dabei hat Hannah schon lange aufgehört, alles „cool" zu finden.

Also das Erwachsensein: Sie hat ja gelernt, dass die Firmung auch das „Sakrament des Erwachsenseins" genannt wird; deswegen scheint es ihr sinnvoll, darüber nachzudenken, was Erwachsensein eigentlich bedeutet. Wen könnte sie da fragen? Natürlich kennt sie viele Erwachsene, auch solche, die sie hoch achtet, Tante Emma, zum Beispiel, oder auch ihren Religionslehrer. Allerdings wäre ihr, das muss sie zugeben, ihre Frage ein wenig peinlich. Außerdem hat sie schließlich noch Gesprächsgutscheine übrig! Wen könnte sie bloß fragen? Es müsste jemand sein, der im 20. Jahrhundert gelebt hat, findet Hannah, denn er müsste die Probleme von heute kennen. Oder ist das doch nicht so wichtig? Schwierige Entscheidung! Da fällt ihr ein Film ein, den sie vor zwei Jahren mit Tanja im Kino gesehen hat: ein spannender Film über den Bischof Oscar Romero, der 1980 in El Salvador während einer Messfeier ermordet wurde. Warum bloß fällt ausgerechnet der ihr bei der Frage nach dem Erwachsensein ein? Vielleicht, weil er sich während seiner Amtszeit als Bischof so verändert hat, so „gewachsen" ist – jedenfalls hat sie das noch in Erinnerung. Ja, vielleicht wäre er ein geeigneter Gesprächspartner.

Hannah ist entschlossen, geht an den Computer und lässt im Chatroom nach „Oscar Romero, Erzbischof von San Salvador" suchen. Und da ist er auch schon:

Guten Tag, Eure Eminenz, sagt man nicht so zu einem Bischof? Mein Name ist Hannah und ich habe einen Gutschein für ein Gespräch mit Ihnen. Darf ich beginnen?

Guten Tag, Hannah. Ja, ich bin informiert. Aber lass uns zuvor die Anrede klären. Zu meinen Lebzeiten war ich da eher förmlich, aber heute wäre es mir lieber, wenn du mich Oscar nen-

nen und mich duzen würdest. In Ordnung? Was möchtest du mich also fragen?

Es mag Ihnen - entschuldige: dir - etwas seltsam vorkommen, aber ich möchte dich fragen, was für dich Erwachsensein bedeutet. Ich frage das, weil ich vor der Entscheidung für oder gegen die Firmung stehe, die man ja auch das Sakrament des Erwachsenseins nennt. Ich weiß halt gar nicht, ob ich so gerne erwachsen wäre. Erwachsen zu sein ist bestimmt nicht einfach.

Jetzt muss ich ein bisschen lachen. Nein, einfach ist es wohl nicht, aber es hat auch niemand gesagt, dass das Leben einfach sei. Aber so schwer, wie du jetzt tust, ist es auch wieder nicht. Ich vermute, dass du das so empfindest, weil du vor einer Entscheidung stehst und sie sehr ernst nimmst. Es freut mich, dass du das tust, denn so viele Leute machen etwas nur, weil alle es machen.

Das Erwachsensein also. Lass mich kurz nachdenken. Ich glaube, auf dem Weg zum Erwachsensein ist man sein ganzes Leben lang. Wenn ich mein eigenes Leben überdenke, dann habe ich erst in meinen letzten drei Jahren so richtig damit angefangen.

Würdest du mir darüber etwas erzählen?

Gerne. Wie du weißt, habe ich in El Salvador gelebt, das liegt in Mittelamerika. Es ist der kleinste und am dichtesten bevölkerte Staat des amerikanischen Kontinents, daher kommen viele Probleme meines schönen Landes.

75

Ich stamme aus einfachen Verhältnissen, mein Vater arbeitete auf dem Telegrafenamt. Ich hatte aber das große Glück, dass ich auf einer kirchlichen Schule von Ordensmännern unterrichtet werden konnte. Mir gefiel das Leben dieser Mönche und in meiner Kindheit hatte ich nur Gutes von der Kirche erfahren, deshalb lag es nahe, dass ich selber Priester werden wollte. Ich sah meine Zukunft als einfacher Dorfpfarrer oder vielleicht auch als Ordenspriester in einer Schule. Aber es kam anders: Nachdem ich in das Priesterseminar von San Salvador, das ist die Hauptstadt El Salvadors, eingetreten war, zeigte sich eine theologische Begabung bei mir. Darum schickte man mich zum Studium nach Rom, womit eine gewisse Kirchenkarriere vorgezeichnet war. Mit fünfundzwanzig Jahren wurde ich zum Priester geweiht, das war 1942, als in Europa der Zweite Weltkrieg tobte.

Eigentlich hatte man erwartet, dass ich meinen Doktor in Theologie machen und eine Laufbahn an der Universität einschlagen würde, aber Gott hatte wohl anderes mit mir vor. Zunächst war davon aber wenig zu merken: Ich war für kurze Zeit Dorfpfarrer in Anamoros, dann Sekretär bei einem Bischof und später Rektor des Priesterseminars in San Salvador. Die ganze Zeit über führte ich ein frommes, gottzugewandtes Leben, war unauffällig in meinen Worten und treu meiner Kirche ergeben, aber blind für die Zustände in meinem Land. Als ich 1967 dann Generalsekretär der salvadorianischen Bischofskonferenz und ein Jahr später Sekretär des Rates aller mittelamerikanischen Bischöfe wurde, war der Höhepunkt meiner Karriere erreicht - so glaubte ich jedenfalls. Ich freute mich und tat meine Arbeit gerne. So hätte mein Leben ruhig und unscheinbar weitergehen können.

Dann aber wurde ich 1974 zum Bischof von Santiago de María ernannt und drei Jahre später Erzbischof von San Salvador. Damit fing ein völlig anderes Leben an. Als Bischof konnte ich nicht länger die Augen verschließen vor den alltäglichen Sorgen und Nöten der meisten Menschen in meinem Bistum. Ich musste einsehen - und das gelang mir nur nach und nach -, dass die Armut und die Not der Menschen nicht einfach nur Schicksal in einem zufällig armen Land waren, sondern dass hinter der großen Armut ein großes Unrecht stand.

Du weißt vielleicht, dass El Salvador bis 1980 vom Militär regiert wurde, und das mit kurzen Unterbrechungen schon seit fünfzig Jahren. Solch eine lange Militärdiktatur tut einem Land nie gut, weil demokratische Entscheidungen in dieser politischen Situation keine Chance haben. El Salvador ist ein armes Land, aber bei einer gerechten Verteilung seiner Güter könnten alle gut in ihm leben, immerhin exportieren wir Baumwolle, Kaffee und Zucker. Das Problem ist aber, dass das Land vor allem den wenigen Großgrundbesitzern gehört. Ein paar hundert Landbesitzern gehört mehr als ein Drittel des Landes. Du kannst dir vorstellen, wie viel Land dann den Kleinbauern bleibt. Viel Industrie gibt es auch nicht und so hat nur einer von zehn arbeitsfähigen Menschen auch tatsächlich während des ganzen Jahres Arbeit. Die Hälfte der Bevölkerung kann weder lesen noch schreiben.

Als ich Bischof wurde, fühlte ich mich mehr und mehr verantwortlich für die Menschen und es drängte mich, das Unrecht beim Namen zu nennen. Aber das war nicht einfach.

77

Ich vermute, jetzt kommt das Erwachsensein ins Spiel, richtig?

Du hast Recht. Lass uns mal eine These aufstellen: Erwachsensein heißt akzeptieren, dass die Welt so ist, wie sie ist, und nicht so, wie wir sie uns wünschen.

Sieh mal, für mich war das so: Ich liebte mein Land und ich liebte meine Kirche. Die Bischofskollegen waren meine Freunde und die Verbundenheit in Christo, wie wir das nennen, war unser gemeinsames Ideal. Wir alle sind doch Brüder in Christus, sollten wir also nicht wie eine große Familie zusammenhalten, sowohl in der Gesellschaft, in der wir leben, als auch in unserer Kirche? Ganz besonders in der Kirche, sie soll schließlich ein kleines Stück vom Reich Gottes verkörpern!

Weißt du, ohne mich mit ihm vergleichen zu wollen - genau wie Paulus brauchte ich ein Damaskuserlebnis. Und das hatte ich, als mein Freund Rutilio ermordet wurde. Rutilio Grande war ein Priester und Ordensmann, ein Jesuit, und er hatte nichts anderes getan als die Botschaft von der Befreiung durch Christus zu verkünden. Er wurde erschossen, zusammen mit einem alten Mann und einem Jungen, die zufällig bei ihm waren; alle drei wurden durchlöchert von den Maschinenpistolen der Todesschwadrone, das waren Killertrupps, die Auftragsmorde begingen. Ich dachte, nun würde ein Aufschrei durch die Kirche gehen, immerhin war ein Priester ermordet worden, kein Kommunist oder Verbrecher. Aber ich musste die Erfahrung machen, dass Rutilio ganz einfach zum Kommunisten und Verbrecher erklärt wurde. Mich selbst warnte man mit offenen Drohungen, nicht zu hartnäckig nach

seinen Mördern zu fragen und mich zu entscheiden, auf welcher Seite ich stehen wolle. Und so öffneten sich mir die Augen und ich nahm endlich wahr, dass auch schon andere Priester ermordet worden waren, dass hunderte Kleinbauern ebenso wie Intellektuelle als vermisst galten, nachdem Polizisten oder Soldaten sie von Zuhause abgeholt hatten, dass alle, die es wagten die Ausbeutung anzuprangern, mit Gewalt bedroht wurden.

Von da an spürte ich, dass Gott von mir ein entschiedeneres Auftreten erwartete, und ich fing an, in meinen Predigten auf die Zustände hinzuweisen, wenn wieder jemand in den Kellern der Militärs verschwunden war, wenn wieder jemand, der seine Schulden nicht bezahlen konnte, in die Slums abwandern musste, wenn wieder ein Gefolterter verstummt und gebrochen aufgefunden worden war.

Ich hatte, das muss ich zugeben, große Angst. Angst vor den Verleumdungen meiner Bischofskollegen, die mich beim Papst in Rom anzeigten, und auch Angst um mein Leben. Was sollte die Todesschwadrone daran hindern, auch einen Bischof zu töten? Aber dann dachte ich an Jesus und daran, dass ich doch versprochen hatte, ihm nachzufolgen. Und daran, dass auch er Angst gehabt hat und trotzdem den Weg weitergegangen ist, der ihm richtig erschien.

Dann müssten wir ja noch eine These aufstellen: Erwachsensein heißt, den eigenen Standpunkt auch gegen andere zu vertreten.

Ja, und zwar möglicherweise gegen lieb gewonnene und wichtige Fachleute, denen man in anderen Fragen vertraut

79

und die man schätzt. In meinem Fall gegen viele Freunde in der Kirche. Ideal wäre es, wenn man sagen könnte, dass man letztendlich nur Gott gehorcht, aber das ist ein hoher Anspruch. Wir leben schließlich mit anderen zusammen, sind von ihrer Meinung und ihrem Wohlwollen abhängig und müssen uns in dieser Welt orientieren. Unter den vielen Stimmen Gottes Stimme herauszuhören, das ist nicht einfach. Umso wichtiger ist es, so scheint es mir, dass ich Gottes Stimme dann konsequent folge, wenn ich sie denn endlich deutlich vernommen habe.

Gottes Stimme zu hören in einem Land, in dem die Menschenrechte so mit Füßen getreten werden wie zu deiner Zeit in El Salvador, scheint mir nicht schwer. Aber ich lebe in einem demokratischen Land, in dem jeder seine Meinung frei äußern kann. Bei uns besteht eher das Problem, wie man sich überhaupt eine Meinung bilden kann, denn die Schwierigkeiten sind oft sehr vielschichtig und kompliziert.

Du hast Recht, wenn du sagst, dass du in einer anderen Situation bist. Aber ist es nicht auch eine Form von „Blindheit", wenn man immer nur jammert, dass alles so schwierig ist und so schwer zu durchschauen und „die da oben" doch nur machen, was sie wollen? Mag sein, dass es für euch Junge heute schwieriger ist, weil ihr euch besser informieren müsst und vielleicht genauer nachdenken, aber immerhin steht dabei euer Leben nicht auf dem Spiel.

Davon einmal abgesehen: Gibt es denn bei euch nicht auch Formen von Bestechlichkeit und Betrug? Keine Ungerechtig-

keit, keine Ausbeutung? Meine Erfahrung ist, dass man, wenn man erst mal angefangen hat genau hinzusehen und die Augen nicht mehr zu verschließen, auf viele Dinge stößt, die in Gottes Augen Unrecht sind.

Bischof Oscar, ich habe noch eine Frage zum Schluss. Eine eher religiöse: Können wir überhaupt „erwachsen" sein, wo wir doch alle Gottes Kinder sind?

Dazu möchte ich dir zwei Dinge sagen.

Zunächst zur Charakterisierung deiner Frage. Worüber wir gerade gesprochen haben, das waren auch religiöse Fragen. Genau das musste ich ja so mühsam lernen, obwohl wir es als treue Bibelleser doch schon von den Propheten oder aus den Zehn Geboten wissen müssten: Wie wir unser Leben gestalten, das ist Gott nicht egal. Er hat uns die Erde gegeben, damit wir sie bebauen und behüten, so steht es in der Schöpfungserzählung, und er möchte, dass wir auf eben dieser Erde in einer Gemeinschaft zusammenleben. Solange wir das nicht hinbekommen, sagt zum Beispiel der Prophet Amos, solange will Gott auch keine Feiern und Opfer von uns. Darum ist alles, was mit der Frage nach Gerechtigkeit zu tun hat, immer auch eine religiöse Frage.

Und nun zu deiner Überlegung, ob wir als Christen überhaupt richtig erwachsen sein können, wo wir doch Gott unseren Vater und uns selbst seine Kinder nennen. Das kommt wohl auf das Verhältnis zum Vater an, würde ich sagen. Wenn ich zu meinem - menschlichen - Vater nur aufschaue und alle Antworten als Fertigrezepte von ihm erwarte nach dem Motto „Papa wird's schon richten", dann bin ich nicht

erwachsen. Wenn ich aber meinen Vater liebe und achte wegen der Liebe, mit der er mich großgezogen hat, wegen der Erfahrung, die er mir voraushat, und wegen der Großmut, mit der er mich losgelassen hat, damit ich mein eigenes Leben führe, dann bin ich erwachsen.

So ist es auch mit Gott. Überleg doch mal: Ganz oft wird in der Bibel erzählt, wie Gott den Menschen hilft, ihnen Orientierung gibt und sie beschützt. Jesus erzählt wunderschöne Gleichnisse darüber. Aber genauso oft erwartet Gott von den Menschen, dass sie ihre Angelegenheiten selber in die Hand nehmen, dass sie sich aus eigenem Willen für den richtigen Weg entscheiden und Verantwortung übernehmen. Auch darüber erzählt Jesus Gleichnisse. Also könnte man sagen: Gott erwartet vom Menschen, dass er erwachsen ist. Und damit mutet er ihm oft ganz schön viel zu.

Ich danke dir für das Gespräch. Ich habe jetzt einiges, worüber ich nachdenken kann.

Das stimmt. Hannah ist in den nächsten Tage sehr nachdenklich. Immer wieder denkt sie an Bischof Romero und das, was er über die Zustände in seinem Land erzählt hat. Inzwischen ist es wohl etwas besser geworden in El Salvador, aber was hilft das: Es gibt auch heute viele Länder, in denen Menschen ausgebeutet und unterdrückt werden.

Für Hannah ist Oscar Romero wirklich ein überzeugender „Erwachsener". Und sie hält fest:

- Zum Erwachsensein gehört eine größere Freiheit und größere Verantwortung.
- Es bedeutet ein lebenslanges Lernen.
- Erwachsensein bedeutet, das Leben so akzeptieren, wie es nun mal ist.
- Es bedeutet, einen eigenen Standpunkt zu haben und von ihm aus die Gesellschaft mitzugestalten.
- Gott traut den Menschen das Erwachsensein zu.

7. Kapitel:

Vom Leben als Christ - Hannah trifft Edith Stein

Was Gott von dir will,
das musst du schon
Auge in Auge mit ihm
zu erfahren suchen.
(EDITH STEIN)

Nun hat Hannah schon fünf ihrer Gesprächsgutscheine verbraucht und sie findet, dass sie richtig viel erfahren und gelernt hat. Über Jesus, den man den Religionsstifter des Christentums nennt, über die Anfänge der Kirche und über den Heiligen Geist und die Firmung. Zwei Themen fallen ihr ein, über die sie noch nachdenken möchte, und beide haben mehr das Heute im Blick: Da ist zum einen die Kirche, so wie sie heute ist, und da ist außerdem die Frage, wie man heute als Christ leben kann.

Hannah stellt sich vor, dass man ihr, wenn sie sich firmen lässt und sich damit für die Kirche entscheidet, dieses Ereignis auch irgendwie anmerken müsste. Wenn ich Christ bin, muss das doch Auswirkung haben auf mein Leben!

Menschen mit einer klaren Überzeugung haben Hannah schon immer beeindruckt, ganz besonders dann, wenn man ihnen diese Überzeugung in ihrer Lebensgestaltung auch anmerkt. Schwieriger findet sie es, wenn beides nicht übereinstimmt.

Im letzten Sommer war es, da hatte sie sich ziemlich heftig verknallt in einen Jungen aus der zehnten. Timo hieß der, sah einfach unglaublich gut aus und war außerdem bei Greenpeace engagiert. Er sprach viel darüber, dass die Menschen endlich ihre Verantwortung für die Umwelt erkennen müssten und dass man vor allem der Industrie immer wieder klar machen müsse, dass sie nicht länger ihre Abwässer und Abgase ungefiltert in die Luft und die Flüsse leiten könne, nur weil das billiger ist. Und da hatte er absolut Recht, fand Hannah und war einfach hingerissen.

Aber dann hörte sie von einem Vorfall, der ihr gar nicht gefiel. Timo hatte von einer Mitschülerin eine Hausarbeit über das Thema „Tierversuche" ausgeliehen, damit er sich für sein eigenes Referat einen ersten Überblick verschaffen könnte. Dann aber hatte er die Hausarbeit einfach abgeschrieben und sie im Referat als seine

eigene Arbeit verkauft. Die Mitschülerin war, so hatte Hannah es jedenfalls gehört, knallrot angelaufen. Sie hatte ihren Aufsatz nicht mehr abgegeben, irgendetwas von „Vergessen" gestammelt und natürlich eine Sechs kassiert. Hannah hatte das Ganze zunächst nicht glauben wollen, dann aber doch Timo gefragt. Der war ganz abweisend geworden und hatte etwas von „Stimmt nicht" und „Habe doch ganz viel verbessert, die dumme Ziege hätte ihre Arbeit ruhig abgeben können" gemurmelt.

Hannah verstand einfach nicht, wie jemand so hohe Ideale haben und sich gleichzeitig so schäbig gegenüber einer Mitschülerin verhalten konnte. Damals war sie zu ihrer Mutter gegangen und hatte ihr weinend davon erzählt. Die hatte sie zunächst einmal getröstet: „Ach Hannah, jetzt sei doch nicht so enttäuscht. Der Junge ist erst sechzehn, da kann er noch viel lernen. Dass du ihn zur Rede gestellt hast, gibt ihm vielleicht zu denken. Aber nur, weil er sich jetzt schäbig verhalten hat, sind seine Überzeugungen nicht falsch. Eine Idee ist nicht schlecht, weil der, der sie vertritt, sich danebenbenimmt."

Jetzt denkt Hannah an dieses Gespräch mit ihrer Mutter zurück und sie überträgt, was sie damals gelernt hat, auf ihre Überlegung von heute: Wenn ich an Gott und Jesus Christus glaube, dann muss dieser Glaube auch Auswirkungen auf mein Leben haben; auf der anderen Seite brauche ich nicht zu viel von mir zu verlangen, denn wichtig ist vor allem, dass ich auf dem richtigen Weg bin. Aber was ist der richtige Weg? Was gehört zu einem modernen christlichen Leben?

Vor kurzem hat Hannah im Fernsehen ein Porträt über Edith Stein gesehen, aus Anlass ihrer Heiligsprechung. Ähnlich wie Teresa von Avila hat auch diese Frau sie beeindruckt, vor allem, weil sie so kompromisslos war. Ob sie jemand wäre, der Anregungen für ein modernes christliches Leben geben könnte?

Hannah gibt den Namen „Edith Stein" in die Suchmaschine ein und wundert sich schon nicht mehr, wie problemlos die Verbindung klappt.

Guten Tag, Edith Stein, hier ist Hannah Moser. Ich habe einen Gesprächsgutschein und würde dich gerne etwas fragen.

Und worüber möchtest du mit mir sprechen?

Ich habe so viel über die ersten Christen und ihre Begeisterung für den Glauben gehört. Nun frage ich mich, wo denn heute unsere Begeisterung geblieben ist und was wohl zu einem modernen christlichen Leben dazugehört.

Und warum fragst du gerade mich?

Ich weiß nicht viel über dich, aber ich habe den Eindruck, dass du damals in den dreißiger Jahren eine fortschrittliche Frau warst mit einer interessanten Glaubensentwicklung: erst Jüdin, dann Atheistin, dann Katholikin. Kannst du mir etwas darüber erzählen?

Gerne. Dafür muss ich aber weiter ausholen.
Geboren wurde ich 1891 als jüngstes von elf Kindern einer jüdischen Familie in Breslau. Mein Vater starb, bevor ich zwei Jahre alt war. Darum übernahm meine Mutter die Leitung seines Holzgeschäfts und machte das so gut, dass wir in einem gewissen Wohlstand leben konnten. Meine Mutter war eine strenggläubige Jüdin, die alle Gebetszeiten und Essensvor-

schriften einhielt und uns Kinder die Werte des Alten Bundes vorlebte. Trotzdem wurde mir die jüdische Religion immer fremder. Der Glaube meiner Kindheit verlor für mich an Bedeutung und auch Gott verschwand für eine Zeit aus meinem Leben - na ja, zumindest aus meinem Bewusstsein. Stattdessen machte ich mich auf eine andere Suche, nämlich die Suche nach der Wahrheit. Ich hatte eine große Sehnsucht nach der Wahrheit der Welt, nach dem Fundament der Welt, nach dem, was die Welt im Innersten zusammenhält.

Ich studierte zunächst Germanistik, Geschichte und Psychologie in Breslau, aber sehr zufrieden war ich damit nicht. Dann begann ich ein Philosophiestudium in Göttingen und zog später als Assistentin eines berühmten Philosophen nach Freiburg. Obwohl ich inzwischen eher Fragen stellte als Gott zu leugnen, betrachtete ich mich immer noch als Atheistin und immer noch suchte ich fast verzweifelt nach der Wahrheit. Heute weiß ich: Wer die Wahrheit sucht, der sucht Gott, ob ihm das nun klar ist oder nicht.

Wie ich dann den Weg zum Christentum fand? Bestimmt war ich inzwischen bereit, den Ruf Gottes zu hören, und außerdem hatte ich durch die Bekanntschaft mit einigen christlichen Philosophen die Welt des Christentums kennen gelernt. Aber es brauchte dennoch zwei einschneidende Ereignisse, um mich zu überzeugen. Das eine Ereignis war ein Besuch bei Anna Reinach im Jahr 1918. Ihr Mann, der Philosoph Adolf Reinach, war gerade im Krieg gefallen. Wie Anna aus ihrem Glauben an Jesus Christus und die Auferstehung Trost schöpfte und sogar noch mich tröstete, das ist mir immer im Gedächtnis geblieben und hat mir zu denken gegeben. Das andere Ereignis passierte 1921. Es veränderte mein

Leben und zwar augenblicklich und radikal. Ich war in Berg-
zabern bei einer Freundin zu Besuch. Als ich eines Abends
allein zu Hause war, ging ich in die Bibliothek und mir fiel das
Buch „Das Leben der Heiligen Teresia von Avila, von ihr selbst
geschrieben" in die Hände. Ich las es in einem Rutsch durch
und war überzeugt: Das ist die Wahrheit! Vielleicht klingt es
seltsam, aber genauso war es. Am 1. Januar 1922 wurde ich
getauft.

Obwohl ich damals schon den Wunsch hatte, trat ich aus
Rücksicht auf meine Mutter noch nicht ins Kloster ein, denn
für sie war mein Übertritt zum katholischen Glauben sehr
schmerzhaft gewesen. Erst nach ihrem Tod im Jahr 1933 trat
ich in den Kölner Karmel ein, in den Orden, den die Heilige
Teresa reformiert hatte. Mein Name lautete seitdem Schwester Teresia Benedicta a Cruce. Fünf glückliche Jahre ver-
brachte ich dort, dann musste ich zusammen mit meiner
Schwester, die inzwischen auch getauft worden war, vor den
Nationalsozialisten nach Holland in den Karmel von Echt flie-
hen. Im August 1942 wurden alle Juden in Echt verhaftet, so
auch meine Schwester und ich. Eine Woche später wurden wir
ins Vernichtungslager Auschwitz transportiert und sofort
ermordet.

Du warst aber doch keine Jüdin, sondern Christin.

Die Verfolgung der Nazis galt ja nicht der jüdischen Religion,
sondern dem jüdischen Volk. Auch wenn ich anders gekonnt
und mich hätte verstecken können - meinem Volk habe ich
mich immer zugehörig gefühlt und ich wollte es in seinem
Schicksal nicht allein lassen.

1998 wurdest du heilig gesprochen. Warst du denn eine Märtyrerin und bist für deinen Glauben gestorben?

Das könnte man vielleicht meinen. Aber mein Tod geht ja wie der von den anderen Millionen Ermordeten auf das Konto des Judenverfolgungswahns. Mit meiner Bekehrung zum Christentum hat er darum nichts zu tun. Dass ich meinen Tod akzeptieren konnte, war mir allerdings nur durch meinen Glauben möglich. Ich weiß, dass meine Heiligsprechung für Aufruhr gesorgt hat. Man hat der Kirche vorgeworfen, es sei geschmacklos, eine getaufte Jüdin heilig zu sprechen. Dadurch würde die Kirche sozusagen den Abfall vom jüdischen Glauben und den Übertritt zum Christentum als vorbildlich und als einzig richtigen Weg darstellen. Ich sehe das ganz anders: Ich war ja von meinem Denken und Glauben her schon lange keine Jüdin mehr gewesen und habe Gott sogar geleugnet. Wenn du mich nach meiner Heiligsprechung fragst, dann sage ich: ich hoffe, dass ich den Menschen ein Vorbild sein kann für die Suche nach der Wahrheit. Wer sie sucht, der findet Gott. Für diese Suche möchte ich gerne als Vorbild und als Heilige gelten.

Jetzt hast du eigentlich alles über mein Leben erfahren. Aber du wolltest ja mit mir über das Leben als Christ sprechen.

Ja, wenn ich es ganz einfach sagen soll: Ich möchte wissen, was ich tun muss, um ein Christ zu sein.

Soll ich genauso einfach antworten? Dann sage ich es mit den Worten, die Jesus selbst gebraucht hat: Liebe Gott, den Herrn,

mit ganzer Seele und ganzem Herzen und liebe deinen Nächsten wie dich selbst.

Machst du dich über mich lustig? Einfach mit einem Bibelzitat zu antworten, finde ich sehr arrogant und nicht gerade sinnvoll.

Entschuldige, wenn das so gewirkt hat. Ich mache mich überhaupt nicht lustig, sondern habe mich nur daran gehalten, dass du die Frage „einfach" gestellt hast. Ich finde nämlich dieses so genannte Hauptgebot von der Nächsten- und der Gottesliebe wirklich genial einfach, so wie alles Geniale einfach ist. Wer Gott und den Nächsten liebt, der hat Jesus Christus verstanden.

Aber ich weiß natürlich genauso gut wie du, dass es mit der Einfachheit nicht so einfach ist. Was bedeutet es denn, Gott zu lieben mit ganzer Seele und ganzem Herzen? Soll ich etwa in meinem Kämmerchen sitzen und möglichst oft Gebete sprechen? Wie kann ich überhaupt richtig beten? Und genauso: Was bedeutet es, den Nächsten zu lieben? Heißt das, ich soll möglichst oft zu möglichst vielen Menschen nett sein? Reicht es aus, die Menschen in meiner nächsten Umgebung zu lieben? Das sind ganz schwierige Fragen.

Gottesliebe und Nächstenliebe sind sicher eng miteinander verflochten. Wollen wir trotzdem mit Gott beginnen?

Gut, lass uns mit dem Glauben an Gott beginnen.

Und was bedeutet nun „glauben"? Meiner Ansicht nach reicht es nicht aus, die Existenz Gottes anzuerkennen, etwa

nach dem Motto: Die Welt ist so groß und funktioniert so perfekt - da muss sie doch irgendjemand irgendwann einmal erschaffen haben!

Aber das stimmt doch, oder? Ich hielt diese Erklärung immer für ein gutes Argument für die Existenz Gottes.

Das ist es sicher auch, wenn es mir nur um eine philosophische Überlegung geht, sozusagen um ein Denkspiel. Aber Glauben ist mehr. Glauben kann ich nur, wenn ich die Spuren Gottes in meinem eigenen Leben entdecke.

Und was können solche Spuren sein?

Das können ganz unterschiedliche Ereignisse sein: etwas wird mir geschenkt oder etwas wird mir weggenommen; ein lang gehegter Wunsch geht in Erfüllung oder mir wird klar, dass er sich nicht mehr erfüllen wird. Oder eine wichtige Begegnung mit einem Menschen: Jemand beeindruckt mich durch sein Wesen oder ich spiegele mich in einem anderen Menschen wider. Oder die Begegnung mit einer Idee oder einem Gedanken. Ich höre oder lese einen Satz und sage: „Genauso ist es!" Oder ein Gefühl taucht auf, entweder ganz plötzlich, wie vom Himmel gefallen, oder langsam, nach und nach. Zu einer Spur Gottes in meinem Leben werden diese Dinge dann, wenn ich hinter ihnen die Wahrheit spüre oder auch einen Ruf.

Wie kann ich denn wissen, dass hinter solchen Ereignissen ein Ruf Gottes steht?

Das kannst du nicht wissen, du kannst es nur glauben.

Wenn zum Beispiel jemand sehr krank ist und dann wieder gesund wird, dann könntest du sagen: „Glück gehabt!", oder: „Er hatte wohl genug Kraft zum Gesundwerden." Du könntest aber auch das Gefühl haben, dass Gott geholfen hat, und dann sagst du vielleicht: „Gott sei Dank!" Oder du musst dich für einen Beruf entscheiden und überlegst, was du mit deinem Leben anfangen möchtest. Dann kann es passieren, dass Gott dich ruft und du das Gefühl hast, dass eine bestimmte Aufgabe auf dich wartet.

Ich glaube, dass wir solche Rufe hören können, wenn wir nur wollen. Wir müssen einfach für sie offen sein und auf sie vertrauen.

Aber wie kann ich offen sein, damit ich den Ruf höre?

Offen bin ich, wenn noch Platz ist in mir. Wenn ich voll bin von anderem, dann ist in mir kein Platz für Gott übrig. Wenn mein Terminkalender von morgens bis abends vollgestopft ist mit Schule, Hausaufgaben, Fußball, Freunde treffen - und seien es auch die ehrenwertesten Aktivitäten -, dann bleibt kein Platz für das Hören übrig. Wenn ich alle meine Gedanken konzentriere auf meine Arbeit oder auf mein Hobby oder auf meine Familie, dann bleibt kein Platz für das Hören übrig. Was ich damit sagen will: Um Gott hören und in meinem Leben spüren zu können, darf es nicht völlig mit anderem ausgefüllt sein. Ich brauche auch Ruhe und ein wenig Mut für das Nichts. Nichts planen, nichts tun, nichts denken. Ein bisschen Langeweile schadet da gar nicht.

Das leuchtet mir ein. Außerdem erinnert es mich an ein anderes Thema, zu dem ich dich gerne etwas fragen würde, nämlich das Beten. Wie kann ich richtig beten?

Gebete haben unterschiedliche Formen und unterschiedliche Inhalte und ich glaube nicht, dass eine „Sorte" besser ist als eine andere. Richtig beten tun wir immer dann, wenn wir uns aufrichtig an Gott wenden. Aber ich kann dir gerne etwas über die verschiedenen Gebetsformen erzählen.

Die Kirche hat ihren Mitgliedern schon immer das so genannte „tägliche Gebet" nahe gelegt und meinte damit eigentlich gleich drei Gebete: das Morgengebet, das Abendgebet und das Tischgebet. Beispiele dafür findest du in vielen Gebets- und Gesangbüchern. Solch eine regelmäßige Gebetspraxis gibt es in allen Religionen und vor allem die Mönche und Nonnen in den Klöstern haben ihre festen Gebetszeiten. Der Sinn dieses regelmäßigen Gebets liegt sicher darin, dass das Beten nicht so stark von der Lust und Laune des Beters abhängig wird. Vielmehr wird Gott damit regelmäßig der Platz eingeräumt, der ihm gebührt. Allerdings kann man natürlich fragen, ob das Beten auf diese Weise nicht zu förmlich wird und „ausleiert". Auch regelmäßiges Beten muss ja in den Ablauf des Alltags passen.

Als Nächstes würde ich das „Kurzgebet" nennen, manche Leute nennen es auch „Stoßgebet", aber ich finde, das klingt negativ und abwertend, als passe es nur in Situationen, wo der Mensch in Not ist und Gott um Hilfe anruft. Dabei ist es doch etwas Wunderbares, wenn wir ein Gefühl, eine Bitte, einen Gedanken, ein Lob oder auch einen Dank unmittelbar und ohne große Vorbereitungen vor Gott aussprechen dürfen

95

und ihn so in diesem Augenblick an unserem Leben teilhaben lassen. Das Kurzgebet ist sicher die spontanste und direkteste Gebetsform.

Dann gibt es das „liturgische Gebet", das in den Gottesdienst gehört. Im Gottesdienst kommen die Gläubigen zusammen, um das Andenken und die Gegenwart des Herrn zu feiern und ihren Glauben gemeinsam zu bezeugen. Das geschieht - einfach, weil es nicht anders möglich ist - in einer unpersönlichen, festgelegten Form. Es sieht dann so aus, dass das gleiche Gebet zu allen Zeiten, zumindest über eine lange Zeit hinweg, an allen Orten in dieser Form gesprochen wird und auf diese Weise alle Gläubigen auf der ganzen Welt verbindet. Ein Beispiel hierfür ist das Vaterunser oder das Hochgebet in der Eucharistiefeier, mit dem Brot und Wein zu Leib und Blut Christi gewandelt werden. Sicher kommt in solchen Gebeten weniger das persönliche Leben jedes Einzelnen zur Sprache. Dafür aber vereinen sie alle Katholiken weltweit. Wenn man das einmal akzeptiert, dann kann man auch sie sehr mögen, finde ich.

Als Letztes möchte ich ein sehr persönliches Gebet nennen, auf das ich gleich noch einmal zurückkomme, wenn es um die Inhalte der Gebete geht. Aber weil es eine bestimmte Form hat, soll es auch jetzt schon genannt werden: das „betrachtende" oder „meditative Gebet". Es gehört nicht zu den - mehr oder weniger - verpflichtenden täglichen Gebeten und entspringt auch nicht dem spontanen Wunsch nach einer kurzen Hinwendung zu Gott, sondern es bedarf einiger Vorbereitung und auch eines gewissen Durchhaltevermögens. Das meditative Gebet braucht eine gewisse Zeit, mindestens eine halbe Stunde, es braucht einen ruhigen Raum und es braucht

die Bereitschaft des Betenden, sich auf Stille und Konzentration einzulassen.

Innerhalb dieser verschiedenen Gebetsformen gibt es nun verschiedene Inhalte oder Themen. Ihnen allen aber ist gemeinsam, dass ich mich im Gebet an Gott wende. Es muss kein „Amen" vorkommen und nicht einmal der Name „Gott", aber der Beter spricht Gott an, meistens mit einer Bitte, einem Dank oder einem Lob.

Am einfachsten haben wir es wahrscheinlich mit dem „Bittgebet", denn wir kennen unsere Ängste und Nöte und auch die Probleme der Welt um uns herum sehr genau. Und was läge näher, als diese Sorgen mit einer Bitte um Hilfe vor Gott zu tragen, dem wir vertrauen und von dem wir glauben, dass ihm unser Schicksal nicht egal ist.

Und auch das „Dankgebet" fällt uns leicht, zumindest wenn wir nicht dafür blind geworden sind, dass wir vieles Schöne und Gute in unserem Leben nicht uns selbst und unserer eigenen Kraft und Leistung verdanken. Ganz tief ist das Dankgebet dann, wenn wir Gott für das Geschenk unseres Lebens überhaupt danken, aber der ganz konkrete alltägliche Dank für alles, was uns freut oder weiter bringt, schärft unseren Sinn für diese Grunddankbarkeit.

Schwieriger ist wohl das „Lobgebet" und wahrscheinlich hast du das auch selber schon gemerkt, wenn dir die Sprache der Lobgebete ziemlich altertümlich vorkam. Lob ist ja an sich etwas Selbstloses, das kein unmittelbares Ergebnis erwartet. Wir Menschen aber sind abhängig von Gott und so gleitet unser Lob leicht in den Dank hinüber. Richtig lobend beten wir, wenn wir sagen: „Gott, wir preisen dich, nicht weil du uns beschenkst, sondern weil du einfach wunderbar bist!" Staunen über die Größe und das Anderssein Gottes - das ist die Urform des Lobes. Deshalb würde ich es auch Lob nennen, wenn heute jemand betet: „Gott, du bist so anders und so rätselhaft für mich, du bist mir richtig fremd."

Jetzt möchte ich noch etwas über das betrachtende oder meditative Gebet sagen, am liebsten würde ich es das „hörende Gebet" nennen. Bei dieser Gebetsform geht es nicht darum, Gott irgendetwas zu sagen, sondern jetzt lässt man sich selber ansprechen. Am besten klappt das, wenn der Mensch in der Lage ist nichts zu denken, aber das können wohl nur wenige große, in der Meditation erfahrene Menschen, meistens Mystiker. Wir anderen brauchen eine Hilfestellung, etwas, worauf wir unsere Gedanken richten und konzentrieren können, damit wir uns nicht zu leicht ablenken lassen. Dafür gibt es verschiedene Möglichkeiten: ein Bild, das nicht zu kompliziert sein sollte und das uns gefällt, ein Gegenstand - vielleicht eine Kerze oder ein Stein -, ein Bibeltext oder auch nur ein Satz. Es geht nun darum, dieses Ding oder diese Worte ruhig und mit viel Zeit auf sich wirken zu lassen, wobei wir einfach unsere Gedanken kommen und gehen lassen. So findet der Beter zur Ruhe und zur Stille und ist offen für das, was - vielleicht - auf ihn zukommt. Vielleicht muss er auch aushalten, dass da in der Stille nichts ist, was ihn anspricht. Erinnerst du dich noch daran, dass der Glaube viel mit Hören zu tun hat? Dann siehst du, dass hier Beten ganz eng mit Glauben zusammenhängt.

Ich will nicht sagen, dass das meditative Gebet die beste von allen Formen ist, aber es lohnt sich, es einmal auszuprobieren.

Habe ich dich also richtig verstanden: Beten ist Sprechen zu Gott und Hören auf Gott. Welche Form gerade die passende ist, hängt von der Person und der Situation ab.
Aber am Anfang hast du gesagt, zum christlichen Leben gehöre beides, die Gottes- und die Nächstenliebe. Weißt du, ich empfinde die Forderung der Nächstenliebe oft als Überforderung. Ich kann doch nur einige wenige Menschen lieben, viele sind mir gleichgültig und manche finde ich sogar richtig schrecklich.

Gut, sprechen wir also über die Nächstenliebe. Vielleicht sollten wir es besser „unser Verhalten gegenüber unseren Mitmenschen" nennen, denn ich habe manchmal den Eindruck, dass wir uns mit der Nächstenliebe deshalb so schwer tun, weil darin das Wort „Liebe" steckt. Es ist typisch für unsere Zeit, dass wir mit der Liebe vor allem ein Gefühl verbinden, und zwar ein gutes, angenehmes, vielleicht sogar berauschendes Gefühl. Liebe ist aber mehr als ein Gefühl. Und Jesus hätte sicher nicht von Lieb-haben gesprochen. Das, worum es geht, ist eher eine ethische Frage nach dem moralisch richtigen Handeln des Menschen.

Das ist ja schön und gut. Aber was ist denn das richtige Handeln, das ich Nächstenliebe nennen kann?

Kann sein, dass es dir wieder nicht gefällt, aber ich würde dir das gerne an einer biblischen Geschichte erklären, an einem Gleichnis. Jesus wurde einmal gefragt: „Wer ist mein Nächster?" Bitte merke dir gut die Form der Frage. Da erzählte er eine Geschichte von einem Mann, der von Räubern überfallen

wurde. Halb tot lag er am Wegesrand. Ein Priester und ein Tempeldiener, beides also fromme Leute, sahen ihn im Vorbeikommen und gingen weiter, ohne etwas zu unternehmen. Wahrscheinlich hatten sie gute Gründe. Vielleicht waren sie auf dem Weg in die Synagoge und die Berührung mit Blut hätte sie unrein gemacht, so dass sie keinen Gottesdienst hätten feiern können. Später kam ein Mann aus Samaria. Der hatte Mitleid und kümmerte sich um den Verletzten, indem er ihn in eine Herberge brachte und für seine Pflege bezahlte. Nun muss man wissen, dass die Juden Samaria, eine Landschaft zwischen Judäa und Galiläa, und seine Bewohner verachteten, weil man sie für nicht gläubig hielt. Es war sogar verboten, von einem Samariter Hilfe anzunehmen, deswegen war es also schon etwas Besonderes, wenn ein Samariter einem Juden das Leben rettete. Nachdem Jesus das Gleichnis fertig erzählt hatte, gab er die Anfangsfrage zurück: „Wer hat sich als der Nächste des Überfallenen erwiesen?" Merkst du den Unterschied in der Formulierung der Frage?

Ja, Jesus benutzt das Wort „Nächster" völlig anders.

Stimmt, und das verändert die ganze Blickrichtung. Wenn ich frage: Wer ist mein Nächster?, dann klingt das, als könnte ich mir Personen aussuchen. Ich schaue mich um und entscheide, wen ich als Nächsten behandeln möchte. So wie Jesus fragt, wird „Nächster" zu einer Aufforderung an mich selbst: Ohne zu schauen, wer der andere ist, soll ich mich wie sein Nächster verhalten. Das ist eine ganz andere Perspektive. Der Samariter im Gleichnis fragt nicht, ob er einen Freund oder einen Feind vor sich hat oder ob der Verletzte ihm sympa-

thisch ist. Er tut einfach, was getan werden muss, wenn der andere nicht sterben soll.

Das klingt so, als ob es um konkrete Hilfe im Einzelfall geht.

Das ist die eine Seite. Aber wir leben ja in einer Welt, die immer komplizierter wird und in der die Menschen ihr Zusammenleben organisieren müssen. Die Kirche mahnt immer wieder an, dass die verschiedenen politischen Gesellschaften so organisiert werden müssen, dass jeder menschenwürdig leben kann. Dazu gehört, dass er essen und sich kleiden kann, und dazu gehört auch, dass er frei seine Meinung sagen und politisch mitbestimmen kann. Zur Nächstenliebe gehört also sowohl die konkrete Hilfe im Einzelfall als auch der Einsatz für eine gerechte und solidarische Gesellschaft.

Welchen Rat würdest du jemandem geben, der heute, am Beginn des 21. Jahrhunderts, als Christ leben möchte?

Das ist schwierig, denn ihr lebt in einer schwierigen Zeit. Vielleicht würde ich es so sagen: Kümmere dich um dein Herz, damit es nicht aufhört, Gott zu suchen, und damit es nicht blind wird für die Not der anderen Menschen. Und kümmere dich um deinen Kopf, damit er die Suche nach Gott unterstützen kann und dich fähig macht, die Verantwortung für die Mitmenschen und für die Umwelt zu übernehmen. Es reicht nicht aus, das Gute zu wollen. Du musst dich auch darum kümmern, wie man das Gute verwirklichen kann.

Vielen Dank, Edith Stein.

101

Hannah denkt einige Tage über das Gespräch mit Edith Stein nach. Vor allem forscht sie in sich selber nach, warum sie ein wenig enttäuscht ist. Was hatte sie denn erwartet? Hatte sie vielleicht geglaubt, sie würde ein Patentrezept für die christliche Lebensweise bekommen?

Nein, wäre es so gewesen, dann wäre sie misstrauisch geworden. Als denkende Menschen müssen wir wohl zufrieden sein mit den wenigen Grundregeln, die Gott und Jesus Christus uns gegeben haben.

Und sie notiert, was sie gelernt hat:

- Zum christlichen Leben gehören Gottesliebe und Nächstenliebe.
- An Gott glauben bedeutet, Gottes Spuren im eigenen Leben zu entdecken.
- Beten ist nicht nur Sprechen zu Gott, sondern auch das Hören auf ihn.
- Den Nächsten zu lieben heißt, Verantwortung für ihn zu übernehmen.

8. Kapitel:

Von der Kirche heute – Hannah trifft Johannes XXIII.

*Kommen wir zusammen,
machen wir den Spaltungen
ein Ende!*
(ANGELO GIUSEPPE RONCALLI)

Einen Gesprächsgutschein hat Hannah noch und sie weiß auch schon, wofür sie ihn verwenden wird. Wenn sie sich firmen lässt, dann entscheidet sie sich ja nicht nur dafür, Christ zu sein, sondern sie entscheidet sich auch für eine ganz bestimmte Kirche, nämlich die römisch-katholische Kirche. Und über die würde sie gerne noch etwas mehr erfahren.

Mit Hannah und der Kirche ist das so eine Sache. Als Kind ist sie gerne in den Gottesdienst gegangen. Sie mochte die Lieder und die feierliche Stimmung, außerdem gab es immer viel zu sehen. Und wenn Kindergottesdienst war, dann hat sie auch richtig viel verstanden und ist meistens begeistert nach Hause gegangen. Aber seit einiger Zeit – na ja, eigentlich schon ziemlich lange, so ungefähr seit drei Jahren, ist diese Begeisterung verschwunden. Manchmal geht sie noch mit ihren Eltern in den Sonntagsgottesdienst, im Grunde aber eher aus Pflichtgefühl. Und meistens bedauert sie hinterher, nicht ausgeschlafen zu haben. Pfarrer Müller kann sie ganz gut leiden, das ist ein netter Mann, aber manchmal versteht sie einfach nicht, was er dort in der Predigt eigentlich redet. Und die Lieder aus dem Kindergottesdienst gefallen ihr inzwischen genauso wenig wie die aus dem Erwachsenen-Gesangbuch.

Natürlich kennt Hannah die Diskussionen über die Kirche; das ist schließlich ein Lieblingsthema vieler Jugendlicher, besonders bei denen, die dort so gut wie nie zu sehen sind. Meistens geht es dann um den Papst und jeder schimpft herum, weil der den Sex außerhalb der Ehe verbiete und die Pille sowieso und weil er dadurch zur Bevölkerungsexplosion in der Dritten Welt beitrage. Oder dass die vielen Reisen zu teuer seien und man das Geld doch sinnvoller verwenden könne. Oder dass die Kirche die Ehescheidung nicht akzeptiere und überhaupt viel zu autoritär sei.

In solchen Diskussionen mit ihren Freunden und Klassenkame-

raden spielt Hannah eine seltsame Rolle: Obwohl sie die meisten Kritikpunkte ganz ähnlich sieht, stellt sie oft überrascht fest, dass sie die Kirche auf einmal verteidigt und zum Beispiel erklärt, warum die Kirche die Ehe als so schutzwürdig ansieht, dass sie nicht geschieden werden soll. Wenn sie dagegen mit ihren Eltern oder ihrem Religionslehrer diskutiert, dann könnte man manchmal meinen, sie wäre kurz davor, aus der Kirche auszutreten.

Das letzte Gespräch dieser Art wurde ausgelöst, als der Brief des Papstes zur Schwangerenkonfliktberatung veröffentlicht wurde und die deutschen Bischöfe überlegten, ob sie die Beratung wie bisher weiterführen könnten. Hannah war ehrlich empört und auch enttäuscht gewesen und ihr Lehrer hatte in der Religionsstunde am Montagmorgen einiges auszustehen. Wie kann man nur so unmodern sein? Warum können die Bischöfe nicht einfach tun, was sie für richtig halten, hatte sie gefragt, und: Müsste man nicht eigentlich aus so einer Kirche austreten und eine neue gründen? Aber dann hatte der Religionslehrer ihr zwei Denkanstöße gegeben, die sie ins Grübeln brachten. Erstens: Aus der Kirche kann man nicht einfach austreten wie aus einem Verein. Und zweitens: Es kann für die Kirche nicht darum gehen, dem Zeitgeist hinterherzulaufen. Der Kirche muss es ausschließlich um die Wahrheit gehen.

Wie jeder Lehrer hat auch der Religionslehrer seine Lieblingsthemen und eines davon ist die Kirche. Und innerhalb des großen Themas „Kirche" hat er wiederum einige Lieblingspersonen und eine davon ist ein Papst, nämlich Johannes XXIII. „Ihn hätte ich zu gerne kennen gelernt", hat er schon oft gesagt. „Von ihm waren die Menschen begeistert. Und das Zweite Vatikanische Konzil, das er einberufen hat, war das Beste, was der Kirche im letzten Jahrhundert passiert ist."

Einen Papst, von dem die Menschen begeistert waren, würde

Hannah gerne über die Kirche befragen. Also gibt sie „Johannes XXIII." in die Suchmaschine ein und erhält als Ergebnis den Namen „Angelo Giuseppe Roncalli, Papst Johannes XXIII.". Das wird er wohl sein, denkt sie, und beginnt das Gespräch.

Guten Tag, Papst Johannes. Bevor wir beginnen, würde ich gerne wissen, wie man einen Papst anspricht.

Guten Tag, Hannah. Wenn wir uns im wirklichen Leben begegnet wären, hättest du mich wohl mit „Eure Heiligkeit" ansprechen müssen. Aber auf solche Umgangsformen lege ich inzwischen keinen Wert mehr. Am liebsten wäre mir, du würdest mich Giuseppe nennen und duzen.

Gerne. Ich habe ein Anliegen. Bevor ich mich endgültig für die Firmung entscheide, möchte ich gerne etwas mehr über die Kirche in der heutigen Zeit wissen: wie sie aufgebaut und organisiert ist, zum Beispiel, was für ein Bild sie von sich selber hat und wie man als junger Christ seinen Platz in ihr finden kann. Ich finde nämlich, dass wir jungen Leute es nicht gerade einfach haben mit unserer Kirche.
Könntest du mir aber, bevor wir anfangen, noch etwas über dich erzählen? Bisher weiß ich nur, dass du ein Konzil einberufen hast und den meisten Menschen sehr sympathisch warst.

Gut, aber machen wir es kurz, so interessant ist mein Leben wirklich nicht. Ich wurde als Angelo Giuseppe Roncalli 1881 in einer armen Familie mit dreizehn Kindern geboren. Trotzdem konnte ich das Gymnasium besuchen und sogar in Rom Theo-

logie studieren. 1904 wurde ich zum Priester geweiht und hatte dann verschiedene Aufgaben. Ich war Bischofssekretär, Militärpfarrer im Ersten Weltkrieg, päpstlicher Gesandter in Bulgarien, der Türkei und Griechenland und Nuntius, das ist so etwas wie der Botschafter des Vatikans, in Paris. 1953 wurde ich schließlich Erzbischof von Venedig. Als Bischof und auch später als Papst war es mir immer wichtig, dass ich zu den Menschen hinausging und sie kennen lernte. Ich habe Waisen- und Krankenhäuser besucht, ebenso die Gefängnisse. Aber auch in die Pfarreien außerhalb der Stadt bin ich gegangen, denn ich habe mich immer mehr als Seelsorger verstanden denn als Kirchenpolitiker.

Als ich 1958 zum Papst gewählt wurde, war ich schon siebenundsiebzig Jahre alt und mir war klar, dass ich nicht mehr viel Zeit vor mir hatte. Aber ich glaubte auch fest daran, dass Gott mich nicht zufällig in dieses Amt gerufen hatte. Ich wollte ein guter Hirte für die Menschen sein und als solcher erkannte ich, dass es viele Probleme in unserer geliebten Kirche gab. Meine große Aufgabe sah ich darin, die Kirche für die Anforderungen des 20. Jahrhunderts zu stärken. Deshalb habe ich 1959 das große Konzil einberufen, das Zweite Vatikanische Konzil, das dann von 1962 bis 1965 tagte. Alle Bischöfe der Welt und viele hundert Berater aus allen möglichen Ländern berieten gemeinsam über die Frage, wie die Kirche befähigt werden könnte, den Menschen heute das Evangelium zu vermitteln.

Worum ging es dir denn auf diesem Konzil?

Eine der traurigsten Tatsachen war für mich immer die Trennung der Kirchen in katholische, evangelische und orthodoxe Christen. Diese Trennung konnte, da war ich mir ganz sicher, unmöglich dem Geist Jesu entsprechen. Ich war überzeugt, dass die Spaltungen überwunden werden könnten, wenn die Kirche wieder jung werden und sich den Aufgaben der Zeit stellen würde. Die Erneuerung der Kirche sollte der Einheit der Christen dienen. Tatsächlich hat das Konzil, dessen Ende ich leider nicht mehr erlebt habe, viel erreicht: die Erlaubnis, Gottesdienste in der Muttersprache und nicht nur in Latein zu feiern, eine Erleichterung der Mischehen zwischen katholischen und evangelischen Christen, die Wertschätzung anderer Religionen - das alles scheint dir sicher selbstverständlich, es wurde aber auf dem Konzil in vielen Auseinandersetzungen hart erkämpft.

Du hast vorhin gesagt, ihr jungen Leute hättet es heute nicht einfach mit der Kirche. Das kann ich gut verstehen, denn es galt für uns damals genauso, wahrscheinlich gilt es sogar für alle Zeiten. Wie könnte das auch anders sein bei einer Institution, die Menschen auf der ganzen Welt in ihrem Glauben an den einen Gott verbinden will. Nein, einfach war es mit der Kirche wohl nie!

Ich glaube, viele Probleme hängen damit zusammen, dass die Kirche eine so alte und große Institution ist. Müsste man die Kirche nicht einfach anders organisieren?

Du hast Recht, dass mit der großen Institution, mit der Organisation und sicher auch Bürokratie der Kirche viele Probleme zusammenhängen. Und man könnte die Kirche vielleicht

anders organisieren. Die protestantischen Kirchen sind ja auch anders aufgebaut und selbst die verschiedenen protestantischen Kirchen unterscheiden sich noch untereinander. Aber glaub nur nicht, dass die deswegen keine Schwierigkeiten hätten! Und weißt du, das Problem der Institutionalisierung löst du damit nicht.

Schau mal, am Anfang einer Institution steht immer eine Idee und da sind Leute, die sich für diese Idee einsetzen. Man ist begeistert und will das, was man erfahren hat, anderen mitteilen. Die Gruppe wächst und schon musst du organisieren: Du brauchst Räume und Geld um die Miete zu bezahlen. Du willst Treffen organisieren und brauchst Briefe, Telefone und wieder Geld dafür. Und schon bald schaffen die Leute die Arbeit in ihrer Freizeit nicht mehr und man braucht jemanden, der seine ganze Arbeitskraft für die Sache einsetzt und der selbstverständlich bezahlt werden muss. Ganz schnell entsteht so eine Institution und je größer sie wird, umso mehr Probleme kommen.

Welche Probleme sind das?

Ein wichtiges Problem besteht darin, dass die Begeisterung vom Anfang einer Tagesroutine weicht. Die Sache, die neue, zündende Idee ist nicht mehr ganz so neu, man ist nicht mehr so überschäumend begeistert und deshalb auch nicht mehr ganz so einsatzfreudig. Die Begeisterung legt sich weiter, weil nicht mehr alle Leute mitentscheiden können, was passieren soll. Sie wählen Vertreter und sind dann sicher nicht mit allen zukünftigen Entscheidungen einverstanden. Oder es kommt vor, dass immer mehr Leute dazustoßen, denen es

nicht um die Sache geht, sondern darum, Freunde zu finden oder in einer Gruppe zu sein. Das alles ist eine ganz normale Entwicklung und gehört dazu, wenn eine Idee oder in unserem Fall eine Religion eine längere Zeit überdauert. Aber ohne Organisation und Institutionalisierung würde die Idee eben auch nicht überleben. Das ist das Problem.

Wie ist die Kirche überhaupt aufgebaut? Ich weiß, dass es die Pfarrer gibt und Bischöfe und den Papst. Aber das ist ja sicher noch nicht alles, oder?

Wir sprechen jetzt von der römisch-katholischen Kirche, ja? Mit den drei Personengruppen hast du im Prinzip schon die drei großen Hierarchiestufen der Kirche, nämlich ihre Leitung genannt. Der Pfarrer leitet unterstützt vom Pfarrgemeinderat die Pfarrgemeinde, das ist die kleinste Einheit. Mehrere Pfarrgemeinden bilden ein Dekanat und die Dekanate sind wiederum in der Diözese, die auch Bistum heißt, zusammengefasst. Eine Diözese wird vom Bischof geleitet, zusammen mit dem Pastoralrat. Die Diözesen eines Landes bilden gemeinsam die Kirche dieses Landes. Hier hat die Bischofskonferenz die Leitungsaufgabe und es gibt auch einen Vorsitzenden der Bischofskonferenz. Dann gibt es die weltweite Gesamt- oder Universalkirche und ihr Oberhaupt ist der Papst.

Da die Kirche, wie wir ja wissen, eine große Institution ist, braucht sie natürlich nicht nur eine Leitung, sondern auch eine Verwaltung: Die Verwaltung der Pfarrgemeinde ist das Pfarrbüro, die Diözese wird durch das Ordinariat verwaltet und die Verwaltung der Gesamtkirche nennt man Kurie.

Die Kirche ist zwar grundsätzlich nicht demokratisch, aber sie setzt auf die Mitarbeit vieler. Außerdem sind die Amtsträger, also die Priester, vor allem die mit Leitungsaufgaben, auf den Rat ihrer Mitchristen angewiesen. Schließlich sollen sie sich ja als Diener der Kirche verstehen. Deshalb sind Versammlungen auf den verschiedenen Organisationsebenen vorgesehen. Auf der Pfarrebene ist das die Gemeindeversammlung, bei der Diözese die Synode und in der Gesamtkirche das Konzil. Ich glaube, damit habe ich das Wichtigste genannt.

Interessant finde ich, dass die Leitung zwar jeweils in der Hand einer Person liegt, dass sich die aber von einer Gruppe beraten lässt. Davon wusste ich bisher nichts.
Jetzt habe ich noch eine Frage zur Kirchensteuer. Ich weiß, dass viele Leute die gerne abschaffen würden. Sie sagen, sie würden ihr Geld lieber gezielt spenden. Was meinst du dazu?

Stimmt, die Kirchensteuer wird oft heiß diskutiert. Wir Kirchenleute in Italien haben Deutschland immer um sein System der Kirchensteuer beneidet, denn bei euch zieht der Staat sie für die Kirche ein und zwar zusammen mit der Lohnsteuer für sich selbst. Das ist natürlich sehr angenehm für die Kirche und sie kann ihre Ausgaben viel besser planen. Nicht umsonst habt ihr in Deutschland die meisten kirchlichen Kindergärten, Schulen und Krankenhäuser. Auch die Caritas, die Familien- und Jugendhilfe und viele kirchliche Beratungsstellen könnt ihr euch nur wegen dieser regelmäßigen Kirchensteuer leisten. Das ist in vielen anderen Ländern nicht so. Uns in Italien geht

es noch relativ gut, wir haben eine so genannte „Kultur- und Sozialsteuer". Die müssen alle Steuerzahler entrichten, aber jeder entscheidet selbst, ob sie der Kirche oder einer anderen sozialen Einrichtung zukommen soll. In anderen Ländern lebt die Kirche ausschließlich von Spenden oder von Mitgliedsbeiträgen.

Du fragst mich, was ich persönlich von der Kirchensteuer halte? Das ist wirklich schwer zu beantworten. Eine arme Kirche würde sich vielleicht wieder mehr auf das Wesentliche, nämlich auf den Glauben an Gott und auf die Verkündigung der Botschaft Jesu Christi konzentrieren, und das wäre gut. Auf der anderen Seite könnte sie viele der sozialen Aufgaben, die sie heute wahrnimmt, nicht mehr erfüllen, und das wäre ein Problem. Viele Krankenhäuser und Kindergärten müssten schließen. Kirchensteuer hat also Vor- und Nachteile.

Dann müsste eben der Staat diese Aufgaben übernehmen. Die Kirche könnte sich dann wieder mehr um den Glauben kümmern.

Wenn du das sagst, dann tust du so, als wären die Verantwortung für die Mitmenschen und der Glaube an Gott zwei völlig getrennte Bereiche. Denk daran: Schon die Propheten im Alten Testament haben ihre Zeitgenossen gewarnt, dass Gott ihre Gebete nicht hören will, solange ihre Mitmenschen ihnen egal sind. Und was machst du mit der Nächstenliebe, die Jesus so in den Mittelpunkt seiner Botschaft gestellt hat?

Du hast Recht, so wie ich es ausgedrückt habe, klingt es wirklich dumm. Aber trotzdem: Verantwortung für die Mit-

menschen könnte man sicher auch ohne die Kirchensteuer wahrnehmen.

Ich möchte dich gerne noch etwas anderes fragen: Im Glaubensbekenntnis bekennen wir, dass wir an die „eine, heilige, katholische und apostolische Kirche" glauben. Die Bezeichnung „heilig" hat mich immer gestört. Die Kirche kommt mir nicht gerade heilig vor.

Sie hat sich auch wirklich nicht immer „heilig" verhalten, denn als Gemeinschaft von Menschen ist sie auch immer eine „Kirche der Sünder". Die Bezeichnung „heilig" kommt daher, dass Gott die Kirche zum Heil berufen hat und dazu, an seinem Heil für die Welt mitzuwirken. Heilig ist die Kirche also nicht aufgrund ihrer eigenen Leistung oder wegen ihres Verhaltens, sondern allein durch das Handeln Gottes.

Und was bedeutet der Ausdruck „katholisch"? Wird damit nicht ein Gegensatz zur evangelischen Kirche ausgedrückt?

Heutzutage wird mit „katholisch" tatsächlich vor allem die Konfessionszugehörigkeit bezeichnet. Aber der ursprüngliche Sinn ist ganz anders. Das Wort „katholisch" kommt aus dem Griechischen und bedeutet „das Ganze umfassend" oder „allumfassend". In diesem Sinn ist die Kirche katholisch, weil sie nicht für einzelne Völker, sondern für alle Menschen auf der ganzen Welt da ist und weil sie die ganze Wahrheit des Glaubens verkündet.

Das leuchtet mir ein. Wenn man die Worte „heilig" und „katholisch" so versteht, dann sind sie ja richtig großartig! Darf ich dich noch etwas fragen? Mein Religionslehrer hat mal gesagt, aus der Kirche könnte man eigentlich nicht austreten. Was hat er damit gemeint?

Na ja, rein juristisch, vom Gesetz her gesehen kann man natürlich austreten. Genauso, wie man Mitglied einer Kirche werden kann, so kann man die Mitgliedschaft auch wieder kündigen. Man muss dann keine Kirchensteuer mehr bezahlen und dieses Argument schieben viele Menschen leider als Begründung für ihren Austritt vor. Aber die Kirche ist ja viel mehr als ein Verein. Ohne Gott ist die Kirche undenkbar, von ihm her bekommt sie ihre Kraft und ihre Aufgabe. Zwei Bilder drücken das, wie ich finde, sehr anschaulich aus: Die Kirche versteht sich als „Volk Gottes" und als „Leib Jesu Christi". Dieses Selbstverständnis zeigt deutlich, dass die Kirche nicht für sich selber existiert und sozusagen nur um sich selber kreist, sondern sie weist über sich hinaus auf Gott.

Du erinnerst dich sicher: Wenn man in die Kirche aufgenommen wird, geschieht das nicht durch einen Beitrittsvertrag, sondern durch die Taufe; die Taufe aber ist ein Sakrament. In der Taufe wird dem Menschen das Heil durch Jesus Christus geschenkt, das Versprechen, dass er durch Christus von der Schuld und vom Tod erlöst ist. Dass man so ein Geschenk nicht einfach kündigen kann, ist doch verständlich, oder? Natürlich kann es geschehen, dass man seinen Glauben verliert oder dass man mit der Kirche einfach nichts mehr anfangen kann oder zu tun haben möchte, aber einfach so „austreten" aus dem Heilsangebot Gottes kann man nicht.

Ich bitte dich, Hannah, denk bei diesen ganzen Fragen immer daran: Das Allerwichtigste ist der Glaube an Gott und an Jesus Christus, der uns die Botschaft vom angebrochenen Reich Gottes gebracht hat. Diesen Glauben würde es ohne die Kirche heute nicht mehr geben. Ohne die Kirche hätte der Glaube einfach nicht weitergegeben werden können. Und ohne die Kirche gäbe es auch keine Gemeinschaft, in der der Glaube gelebt werden kann. Die Kirche ist also der Raum für die Weitergabe, die Weiterentwicklung und die Ausübung des Glaubens. Auch wenn du ihr sehr kritisch gegenüber stehst, wirst du sicher einsehen: Das, was Kirche möglich macht, ist immer größer und wichtiger als das, was sie verhindert oder hemmt. Wir alle sind schließlich die Kirche, der Papst genauso wie der kleinste Täufling, und wir alle sollten dazu beitragen, dass in der Kirche das Heil Gottes sichtbar wird. Das ist mein Traum von Kirche.

Wie können sich denn Jugendliche wie ich für die Kirche einsetzen?

Ich wünsche mir, dass ihr jungen Leute aufhört, immer nur mit der Schulter zu zucken und zu sagen: „Die da oben haben uns nichts zu bieten!" Sprecht doch darüber, wie ihr euch Kirche vorstellt, packt es an und lebt in und mit ihr! Es gibt so viele Jugendgruppen in den Kirchengemeinden; manche treffen sich einfach nur, um miteinander zu reden, manche stellen etwas auf die Beine und bieten Bibelabende an oder bereiten Gottesdienste vor und manche engagieren sich für Alte, Kranke oder die Dritte Welt. Warum eigentlich sollten nicht mehr Jugendliche in den Pfarrgemeinderäten mitarbeiten?

Warum können nicht andere Gottesdienstformen ausprobiert werden? Wie auch immer: Es wäre schön, wenn Jugendliche ein Bewusstsein dafür entwickeln, dass wir alle, egal ob jung oder alt, reich oder arm, gesund oder krank, zur Kirche gehören und unseren Platz in ihr haben. Dass da auch schon mal verschiedene Interessen aufeinander prallen und man deshalb Auseinandersetzungen führen muss, versteht sich von selbst.

Vielen Dank für das Gespräch, Giuseppe.

Als Hannah über das Gespräch nachdenkt, kann sie ihren Religionslehrer verstehen: Auch sie ist fasziniert von Papst Johannes XXIII. An ihm kann man sehen, dass es keine Frage des Alters sein muss, ob ein Mensch für Neues aufgeschlossen und geistig flexibel ist. Hannah kennt Jugendliche, die kommen ihr neben Johannes uralt vor, weil sie total resigniert wirken und null Interesse an der Gestaltung der Welt haben. Im Gespräch mit dem Papst, der Giuseppe genannt werden möchte, war davon nichts zu spüren.

Wie schon bei den anderen Gesprächen notiert Hannah, was für sie neu und wichtig war:

- Die Institutionalisierung der Kirche ist notwendig für ihre Existenz, bringt aber auch Probleme mit sich.
- Die katholische Kirche ist hierarchisch aufgebaut. Die kleinste Einheit ist die Pfarrgemeinde, dann geht es über das Dekanat und die Diözese bis zur Gesamtkirche.

- Die Bezeichnung „katholisch" meint ursprünglich keine Abgrenzung von den anderen Konfessionen, sondern bedeutet „allumfassend".
- Dass die Kirche „heilig" genannt wird, hat nichts mit einer angeblichen Heiligkeit ihrer Mitglieder zu tun, sondern allein mit Gottes Heilswillen.
- Ohne Kirche gäbe es den christlichen Glauben in dieser Form nicht.

9. Kapitel:

Hannah entscheidet sich

Trotz aller Kritik:
Die Kirche ist mir
sympathisch.
(HANNAH)

Da hat Hannah nun also sieben Gespräche geführt mit sieben bedeutenden Persönlichkeiten, die alle auf die eine oder andere Weise wichtig für die katholische Kirche gewesen sind. Einige von ihnen hatten schon bei früheren Gelegenheiten ihr Interesse geweckt, auf andere ist sie erst jetzt durch ihre Fragen zum christlichen Glauben und zur Firmung aufmerksam geworden.

Was hat sie in den Gesprächen gelernt?

Maria von Magdala, Petrus und Paulus, die drei biblischen Personen, haben ihr einen Eindruck von den Anfängen des Christentums gegeben. Sie haben davon erzählt, wer Jesus von Nazaret war, an den sie später als den Christus glaubten. Sie haben erzählt von seinem Tod und seiner Auferstehung und vom Heiligen Geist, der der jungen Kirche Mut und Kraft gegeben hat.

Und dann die beiden heiligen Frauen, Teresa von Avila und Edith Stein, Ordensreformerin die eine, Wahrheitssucherin die andere. Beide haben auf ihre Art erzählt vom Wirken Gottes und vom Sakrament der Firmung.

Schließlich die beiden Kirchenmänner, der Bischof und der Papst. Beide waren im Grunde eher konservativ eingestellt, trotzdem haben sie mutig einen neuen Wind in ihre Kirche gebracht. Der eine hat erzählt über die Herausforderungen des Erwachsenseins, der andere von den Schwierigkeiten und Chancen der groß gewordenen Kirche.

Ja, was hat sie gelernt in diesen Gesprächen? Hat sie genug erfahren um sich jetzt endlich für oder gegen die Firmung, das Sakrament des Erwachsenseins, entscheiden zu können?

Das Erste, was Hannah spürt, ist Sympathie für die Kirche. Darüber ist sie ziemlich erstaunt, denn sie muss sich eingestehen: Man kann die Kirche wichtig und notwendig finden und vielleicht kann man sie manchmal sogar lieben – aber die Kirche richtig sympa-

thisch zu finden, das ist ein neuer Gedanke. Trotzdem: Hannah merkt, dass ihr diese viel getadelte und so oft abgelehnte Kirche tatsächlich richtig sympathisch wird. Woran das bloß liegen mag? Sie erinnert sich an Maria von Magdala und an Paulus, die ja nicht das Ziel hatten, eine Kirche zu gründen. Sie waren einfach begeistert für die Sache Jesu und taten deshalb das, was nötig war, damit der Glaube an andere Menschen weitergegeben und in einer Gemeinschaft gelebt werden konnte. Diese Grundidee der Kirche findet Hannah besonders sympathisch. Dann denkt sie an Teresa und an Bischof Romero. Beide haben ihre Kirche aufrichtig geliebt, fanden sie aber in einem Zustand vor, der, wie sie meinten, unmöglich dem Willen Jesu entsprechen konnte. Teresa reformierte den Karmeliterorden und gründete neue Klöster. Bischof Romero rüttelte an dem Gewissen der Kirche, die Ausbeutung der Kleinbauern und die Terrorisierung Andersdenkender nicht länger stillschweigend hinzunehmen. Menschen, die sich aus Liebe zur Kirche für Veränderungen einsetzen – das spricht sehr für die Kirche, findet Hannah. Schließlich denkt sie an Papst Johannes, der noch in hohem Alter Papst wurde und der trotzdem viel Neues für die Kirche in Gang gesetzt hat. Eine alte Kirche hat sicher viele Probleme, aber vielleicht kann gerade in solch einer Kirche mit einer langen Tradition, in der schon viel nachgedacht und viele Wege ausprobiert wurden, etwas Neues wachsen, das Zukunft hat. Ja, Hannah stellt fest, dass ihr diese Kirche sympathisch ist, auch wenn sie manches an ihr auszusetzen hat.

Und dann merkt Hannah noch etwas: Auch Gott ist ihr auf einmal direkt sympathisch. Hoppla!, denkt sie, das kann man so ja wohl nicht sagen. Sympathie für Gott – das klingt zu flapsig! Aber wenn es doch stimmt!? Gott ist ihr so sympathisch geworden, dass sie ihn gerne besser kennen lernen möchte. Gott wird es schon aus-

halten, tröstet sie sich, wenn ich mich ihm auf so menschliche Weise nähere. Wie sollte ich es sonst wohl tun? Klar, früher hätte sie sich nicht getraut, von Sympathie für Gott zu sprechen. Als Kind hat sie vielleicht gesagt, dass sie Gott liebt, so ähnlich, wie man seine Eltern liebt. Später dann war ihr beim Wort „Liebe" unbehaglich, aber eine andere Bezeichnung ist ihr nicht eingefallen. Gott war einfach da, aber im Grunde war das gar nicht so wichtig.

Aber jetzt würde sie ihn gerne besser kennen lernen. Sie hat von Menschen gehört, die sich von ihm gerufen fühlten; sie hat vom Glauben an ihn gehört und davon, wie er in den Sakramenten wirkt; sie hat von verschiedenen Gebetsformen gehört. Als sie das alles Revue passieren lässt, fragt sie sich, ob Gott nicht doch mehr mit dieser Welt zu tun hat, als sie immer dachte.

Zwei Briefe hat Hannah vor einigen Wochen bekommen, einen vom Pfarrer mit der Einladung zur Firmvorbereitung und einen von G. mit den himmlischen Gutscheinen. Sie wollte sich zum Überlegen viel Zeit nehmen, wenn nötig sogar ein ganzes Jahr, aber so lange hat es nun doch nicht gedauert. Hannahs Entscheidung ist eigentlich sonnenklar: Ich glaube an Gott und möchte ihn besser kennen lernen. Und an die Kirche glaube ich trotz mancher Kritik auch, sie ist sicher eine gute Sache. Deshalb will ich mich firmen lassen!

Also hat sie zwei Antwortbriefe vor sich. Der Erste geht per Post an den Pfarrer:

Lieber Herr Pfarrer Müller,
vielen Dank für die Einladung zur Firmung. Mir ist klar, dass das erste Treffen zur Firmvorbereitung längst vorüber ist. Ich möchte aber fragen, ob ich noch einsteigen kann. Meine Entschei-

dung brauchte eben ein wenig mehr Zeit, aber nun bin ich mir sicher und freue mich wirklich auf die Firmung. Es wäre schön, wenn es noch in diesem Jahr klappen würde.

Ihre Hannah Moser

Abends schreibt sie den zweiten Brief per E-Mail. Sie muss kurz über die Adresse nachdenken, denn die E-Mail, die sie damals bekommen hatte, war ohne Absenderkennung gewesen. Schließlich entscheidet sie sich für G@online.de. Ist sowieso nicht so wichtig, denkt sie, bei G. kommt sicher alles an.

Lieber G.,
ach, ich sage doch besser: Lieber Gott!
Vielen Dank für dein Geschenk! Ich fand es toll und habe die Gesprächsgutscheine gut genutzt, finde ich. Jedenfalls konnte ich alle meine Fragen stellen. Manchmal war es etwas schwierig, aber das Nachdenken über wichtige Fragen darf ruhig ein bisschen anstrengend sein, oder? Und noch etwas: Die Verbindungen haben optimal funktioniert! Das würde mir kein Mensch glauben. Und alle Gesprächspartner wussten schon Bescheid. So etwas gibt es wirklich nur bei einem himmlischen Angebot.
Ich möchte dir ausdrücklich sagen, dass die Idee mit den Gesprächen genau richtig war und dass deine Hilfe wirklich gut angeschlagen hat. Bücher hätten mir niemals so weiter-geholfen wie die Möglichkeit, meine Fragen ganz direkt zu stellen. Vielen Dank also noch mal! Ich freue mich jetzt ehr-lich auf die Firmung.
Wir beide hatten in letzter Zeit nicht gerade viel Kon-takt - zumindest wenn man damit das Beten meint. Jetzt

würde ich dich gerne besser kennen lernen. Ich habe auch noch viele Fragen an dich. Schade, dass ich nicht über das Internet mit dir kommunizieren kann, das wäre so einfach und so schön. Für dich selbst vergibst du wohl keine Gesprächsgutscheine, oder?

Aber ich weiß ja: Es gibt mehr zwischen Himmel und Erde, als wir verstehen. Und auch, wenn du manchmal ganz unerwartet mit uns Menschen sprichst - den Weg dazu haben wir nicht in der Hand. Mir ist klar, dass solche himmlischen Angebote sehr selten sind, und ich danke dir noch mal für das, das ich bekommen habe.

So wird das wohl meine erste und letzte E-Mail an dich sein. Stattdessen möchte ich versuchen, in meinem Leben Platz für dich zu machen. Was wir uns wohl zu sagen haben werden? Ich freue mich darauf.

Deine Hannah

Zum Fest der Firmung!
Das wunderschöne Geschenk-Album
voll bunter Erinnerungen

Wolfgang Gies
Zum Fest der Firmung
Erinnerungsalbum
48 Seiten, durchgehend
farbig illustriert,
Halbleinen, wattiert
ISBN 3-451-27357-8

Das ideale Geschenk zur Firmung: damit dieser besondere Tag ganz individuell
in Erinnerung bleibt, gibt es hier viel Platz für Fotos und Unterschriften,
für Notizen, Lieder und besondere Gedanken. Prägnante Texte und kreative
Impulse bringen zum Ausdruck, was Firmung bedeutet.
Ein Buch zum Anschauen, Lesen und Ausgestalten und ein Andenken
an einen wichtigen Tag im Leben. Eine wunderschöne Erinnerung.

In allen Buchhandlungen!

HERDER

Der heiße Draht zu Gott:
geistvoll, schnurlos, problemlos

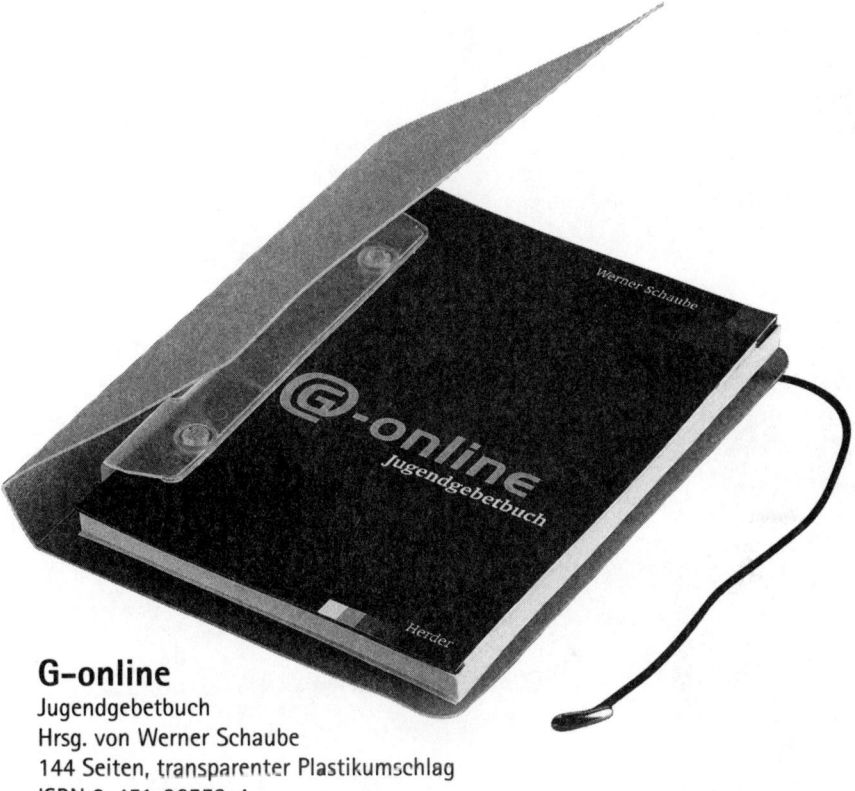

G-online
Jugendgebetbuch
Hrsg. von Werner Schaube
144 Seiten, transparenter Plastikumschlag
ISBN 3-451-26552-4

Wie bei der Kommunikation im *world wide web* kann man sich an das Gespräch
mit Gott annähern – mit dem Grad von Distanz oder Nähe, der dem augenblick-
lichen Empfinden entspricht.
Gebete, Zitate von Promis, Gedichte zum Nachdenken, eine Seite zum Selber-
schreiben: das Buch für Jugendliche.
Die besondere Ausstattung: Der Ringbuch-Charakter mit transparentem Plastik-
einband gibt Schutz beim Überallhin-Mitnehmen und ist für den praktischen
Gebrauch ideal. Außerdem können individuell gestaltete Seiten ergänzt werden.

In allen Buchhandlungen!   **HERDER**

Ausgesondert